商务策划与文案创作

主　编◎赵静

副主编◎孙国芳　彭爽　马骏

 中国金融出版社

责任编辑：王慧荣
责任校对：潘　洁
责任印制：丁淮宾

图书在版编目（CIP）数据

商务策划与文案创作/赵静主编；孙国芳，彭爽，马骏副主编. —北京：中国
金融出版社，2023. 2
ISBN 978 - 7 - 5220 - 1857 - 7

Ⅰ. ①商⋯ Ⅱ. ①赵⋯②孙⋯③彭⋯④马 Ⅲ. ①商务—策划—写作 Ⅳ. ①F710

中国版本图书馆 CIP 数据核字（2022）第 239702 号

商务策划与文案创作
SHANGWU CEHUA YU WENAN CHUANGZUO

出版
发行　中国金融出版社

社址　北京市丰台区益泽路 2 号
市场开发部　（010）66024766，63805472，63439533（传真）
网 上 书 店　www. cfph. cn
　　　　　　（010）66024766，63372837（传真）
读者服务部　（010）66070833，62568380
邮编　100071
经销　新华书店
印刷　河北松源印刷有限公司
尺寸　185 毫米 × 260 毫米
印张　8
字数　150 千
版次　2023 年 2 月第 1 版
印次　2023 年 2 月第 1 次印刷
定价　40. 00 元
ISBN 978 - 7 - 5220 - 1857 - 7
如出现印装错误本社负责调换　联系电话（010）63263947

目　　录

第一章　商务策划与文案创作概要

【项目目标】

社会能力目标：

- 具有市场观察和市场分析能力；
- 具有与所在岗位及相关领域相匹配的能力；
- 具有团队合作精神和创新精神。

操作能力目标：

- 能够知道商务策划与文案创作的基本知识；
- 能够灵活运用策划基本原则完成策划书；
- 能够在策划时巧妙运用策划写作语言。

发展能力目标：

- 掌握辩证学习国内外知识与技能的学习方法；
- 掌握发现问题、分析问题、解决问题的一般研究方法；
- 掌握创造性、系统性及全面性的思维方法。

课件也精彩

扫一扫
更多微课小知识

【知识导航】

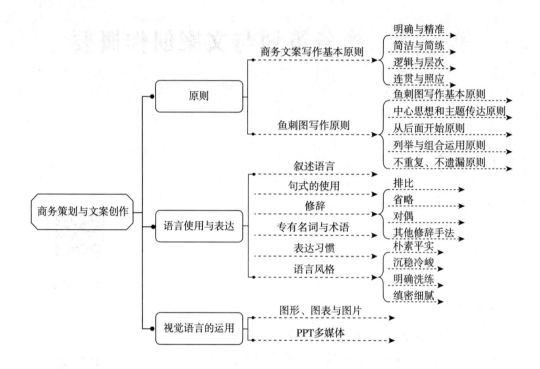

【行业榜样】

增强原始创新能力，高水平科技自立自强

2021 年 5 月 28 日，中国科学院第二十次院士大会、中国工程院第十五次院士大会和中国科学技术协会第十次全国代表大会在北京人民大会堂隆重召开，习近平总书记出席大会并发表重要讲话。2020 年 10 月，党的十九届五中全会提出"把科技自立自强作为国家发展的战略支撑"。2021 年 5 月 28 日，在中国科学院第二十次院士大会、中国工程院第十五次院士大会和中国科学技术协会第十次全国代表大会上，习近平总书记强调，"加快建设科技强国，实现高水平科技自立自强"。从"科技自立自强"到"高水平科技自立自强"，"高水平"三个字体现了我国建设世界科技强国的必然要求。如何实现"高水平科技自立自强"，那就是增强原始创新能力。

1."高速磁浮试验样车"团队

近年来，在党中央坚强领导下，在全国科技界和社会各界共同努力下，我国科技实力正在从量的积累迈向质的飞跃、从点的突破迈向系统能力提升，科技创新取得新的历史性成就。

我国高速磁浮研发取得重要新突破！由中车四方股份公司承担研制的时速600公里高速磁浮试验样车，于2020年6月21日上午，在上海同济大学磁浮试验线上成功试跑。

时速600公里高速磁浮交通系统研制，是科技部国家重点研发计划"先进轨道交通"重点专项课题。该项目由中国中车组织，中车四方股份公司技术负责，汇集国内高铁、磁浮领域优势资源，联合30余家企业、高校、科研院所共同攻关，攻克高速磁浮核心技术，研制具有自主知识产权的时速600公里高速磁浮工程化系统，形成我国高速磁浮产业化能力。自2016年7月项目启动以来，历经近四年的科技攻关，项目团队突破高速磁浮系列关键核心技术，成功研制了试验样车，经过地面调试和静态试验，此次车辆进入线路动态运行试验，进行首次试跑。

据介绍，目前高速磁浮项目研发进展顺利，5辆编组工程样车的研制也在稳步推进中。按照计划，时速600公里高速磁浮工程样机系统预计在2020年底下线，将形成高速磁浮全套技术和工程化能力。未来，通过高速磁浮示范工程建设，进行时速600公里线路运行等相关工作，可以推动该技术的持续创新和产业化落地，拉动我国高端装备制造升级和战略新兴产业发展。

2.华为技术引进、吸收与再创新

华为的技术创新，更多表现在技术引进、吸收与再创新层面上，主要是在国际企业的技术成果上进行一些功能、特性上的改进和集成能力的提升。对于缺少的核心技术，华为通过购买或支付专利许可费的方式，实现产品的国际市场准入，再根据市场需求进行创新和融合，从而实现知识产权价值最大化。

目前，中国制造企业正面临人力成本居高不下、产能过剩、高消耗等"内忧"，以及人民币升值、海外市场低迷、贸易摩擦案件增加等"外患"。普遍缺少品牌和技术的中国制造企业，转型和升级已经迫在眉睫。但是如何转型？怎么升级？显然不是喊几句口号和出台几项政策就能实现的。这时，华为的榜样价值再次凸显。

任正非说："科技创新不能急功近利，需要长达二三十年的积累。"中国企业要走出国门、融入世界、做大做强，就必须摒弃赚"快钱"的心态，舍得在技术升级和管理创新上花钱，转型和升级才可能实现。华为不赚"快钱"赚"长钱"的思想值得很多企业学习借鉴。

资料来源：中青网，《时速 600 公里，车，磁悬浮滴!》，2020 - 06 - 22，https：//m. youth. cn/qwtx/xxl/202006/t20200622_12380006. htm;《谭长春解读〈华为基本法〉第十三条：成长的牵引》，2022 - 05 - 06，https：//baijiahao. baidu. com/s？id = 1728075085045966507&wfr = spider&for = pc。

企业概况

学习服装专业的小王同学想做一次毕业服装展演的策划，找到同校的国际商务专业同学希望获得帮助。学习国际商务的小张同学为小王精心准备了商务策划与文案创作基础知识。

请你协助小张同学准备商务策划与文案创作的基础知识。

【知识准备】

商务活动是以价值交换为中心的智力和体力活动。围绕价值交换，交易的参与者研究活动所针对的对象和活动所处的时间、空间环境，进行价值创造和改造，并寻找适当的价值传递方式，精心组织和安排自身资源。这个价值交换过程和因为价值交换而产生的其他活动，以及为使价值交换过程能够持续的所有活动，就是商务活动的全部。

策划是为了达到生产和生活的目标，人们必然要进行相关的活动。在进行活动前，首先要进行行动策略的规划，这是智慧的反映，也是人类区别于动物的根本特征之一。无论什么人，无论什么组织，总要在行动之前对自己或者组织的行动方向、目标、手段和条件，以及可以选择的途径和办法进行或粗略或仔细，或直截了当或反复斟酌的思考和选择。

商务策划是为了达到商务活动的目标，进行有效的价值交换，运用自身所拥有的资源条件，进行行动目标研究、行动计划的安排和资源手段的组织。商务策划在本质上是一个实际问题的解决过程。

对于策略所针对的环境和对象、对于策略行动的目标以及对有限资源的使用，需要有严谨、严格、慎重和科学的分析，需要有严密的逻辑论证过程。这些涉及商务策划的思考的表现，即商务策划文案。

一、原则

1.1 商务文案写作基本原则

不同的商务文案有不同的创作要求，但其作为沟通和交流的工具，仍有一些普遍的必须遵循的原则。没有这些原则，或者没有能够按照这样的要求进行写作，就不能很好地完成商务策划文案，也就不能最终实现沟通和交流的目标，无法传达商务策划的意图。

1.1.1　明确与精准

商务策划文案的写作目的，是向委托方传达策划思考过程和解决问题方案，因此其写作目的要明确，写作态度要明确，写作任务要明确。只有明确了这三个方面，才能保证商务策划文案有的放矢，针对性强，具有实用性。

在商务策划文案的写作过程中，表达精准是最基础的一项要求。一方面，商务策划文案的语言使用要准确，根据阅读对象的认知习惯和认识水平，有针对性地使用合适的语词，准确传达自己的意图。使用数据时要真实且精确，按照要求，数据要精确到小数点后多少位的，不能简单化地进行四舍五入；在图表使用上，要规范、精确、细致，体现数据的意义；图片使用也要精确，不得大而化之。

1.1.2　简洁与简练

商务策划文案是广泛应用的商务应用文之一。商务应用文的一个基本特点，就是在文字的使用上不过分地强调文章的色彩、韵味和意境，而是就事论事，表达商务活动中价值交换方的各自意图。商务策划文案，是商务策划解决问题过程和方案的传达，表现的内容和形式受到使用环境和使用目的的限制。

简洁与简练，都有一个"简"字。简，意味着不繁复，不啰嗦，不故作高深、不玩弄玄虚，直抒胸臆，陈述事实。简洁指在语言使用与材料组织上干脆利落，不拖泥带水。简练指在语言叙述上凝练准确，直达根本，直陈要害。

1.1.3　逻辑与层次

商务策划文案是对商务策划解决问题过程和方法的呈现。在问题的界定、成因分析、解决方案获得以及最终行动方案选择等环节，商务策划的主体应当具备超越一般人的技能和思维方法。商务策划文案如果想令人信服，就需要在内容组织上体现出良好的逻辑性与层次性。

商务策划文案创作所应遵循的逻辑原则是对解决问题的逻辑过程的阐述，必须清楚、明确，逻辑严密，论证有力；材料组织要有逻辑性，商务策划文案的材料组织要科学合理，具有逻辑性；文字、数据、图表、图片之间的逻辑关系要紧密，文字叙述、数据推导、图表显示和图片说明，都是为了传达和说明观点和结论，尽管其表现方法不同，但都必须支持论点和结论。

商务策划文案的写作需要一定的层次，这个层次是逻辑的体现，也是思考过程的体现。为了便于阅读者理解，可以在层次安排上各有不同，可以由宏观而至微观，也可以先从微观的问题和项目开始，再论及外部宏观的环境；可以从表现开始，层层深入而至本质，或者透过现象，发现原因，也可以直指问题的关键和本质，再列举由此导致的各种现象。不论是怎样的层次关系，文案写作中都应当注意前后照应，统一安排，服从于沟通与交流的总目的，便于阅读和理解。

1.1.4　连贯与照应

商务策划文案的作用和功能既然是为了方便阅读者对商务策划解决问题思路的理解，作为内在逻辑的连贯与照应就必不可少。连贯与照应，使商务策划文案通篇形成一个整体，给人完美的整体感，一气呵成，没有阻隔，没有断裂，这样才有利于阅读者进行完整的思考，对整个解决问题的过程和方法有整体的理解。

商务策划文案从解决问题的角度来看，是一个完整的解决问题的过程。从明确问题，清楚地分析问题的成因，解决问题的构想，到选择解决方案，最终制订和形成解决问题的行动方案，前后连贯，层层深入，有明确的针对性。具有这些特征的文案才是符合要求的。

照应主要指商务策划文案的表现手段使用要有前后联系的考虑，前有伏笔，后有呼应。在文字、图片、图表的使用中，要避免出现孤立和突然的表述，让人摸不着头脑，在不应当停顿的地方思路停滞，影响对整个策划方案的理解。

明确与精准、简洁与简练、逻辑与层次、连贯与照应是商务策划文案创作的四个基本原则。前两个原则是关于表现形式和表现手段的；后两个原则是关于商务策划文案的逻辑线索。它们的关系如图 1-1 所示。

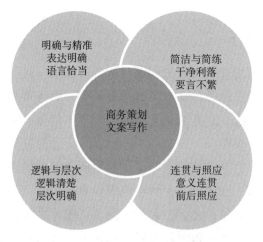

图 1-1　商务策划文案写作的基本原则

1.2 鱼刺图写作原则

商务策划文案创作的基本原则，是其能够实现写作目的的基础。在商务策划文案创作过程中，还要遵循鱼刺图写作原则。

正如我们一再强调的那样，让委托方注意、理解、认可商务策划方案，是商务策划方案的最终目的。这样的目的决定了商务策划文案创作的要求。

1.2.1 鱼刺图写作基本原则

鱼刺图是日本管理大师石川馨发展出来的一种分析方法，又名石川图。按照用途，可以分为三个类型，即整理问题型鱼刺图（鱼头在左或在右）、原因型鱼刺图（鱼头在右）和对策型鱼刺图（鱼头在左），如图1-2、图1-3所示。作为一种有效的分析方法，鱼刺图在商务策划活动中有广泛的应用，也为从事策划咨询的人士广泛熟悉。鱼刺图写作原则就是在鱼刺图分析方法的基础上发展出来的。

鱼刺图写作原则指在商务策划文案的写作中，从整体上有一条明确的主线贯穿其中，这是商务策划解决问题的基本逻辑。同时，沿着这个基本逻辑进行分解和列举，可以得到不同层次的问题成因和解决问题思路，这些共同构成商务策划解决问题的鱼刺图。

商务策划解决问题的方式，不同于直线推导和论证的逻辑思维，也不同于单纯发散的创造性思维，而是各种思维形式的综合应用。逻辑论证方法、特性列举方法、联想方法、灵感冥想方法、焦点思考方法，以及各种方法的组合都会被用到。鱼刺图的写作原则自然成为商务策划文案所特有的写作要求。

鱼刺图写作原则在主题（中心思想）的传达、问题分析和解决方案的形成、方案选择、行动方案的制订以及策略实施与控制等各个方面的写作中都体现得十分清楚。鱼刺图式写作原则有以下几个：中心思想和主题传达原则，从后面开始原则，列举与组合运用原则，以及不重复、不遗漏原则等。

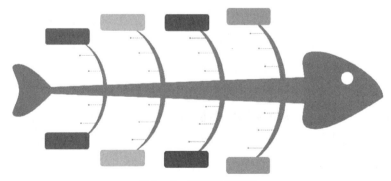

图1-2 原因型鱼刺图

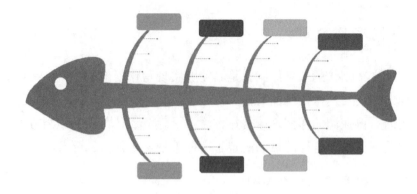

图 1 - 3　对策型鱼刺图

1.2.2　中心思想和主题传达

寻找中心思想和主题，依照中心思想和主题进行写作，是建立商务策划文案结构框架的关键，是商务策划文案创作的基础。

中心思想和主题是商务策划文案的灵魂，是商务策划所有活动和商务策划文案创作的核心和统领。中心思想不突出和不明确的文案，没有阅读的价值，只会浪费读者的时间，招致阅读者对策划人专业能力的轻视。

在没有明确中心思想和策划主题之前，所有的材料、知识都是必要的，而不是重要的。只有在中心思想和策划主题的统领下，相关的材料才能区别重要性，才能根据需要，进行有序的组织。

中心思想与主题是鱼刺图写作中的主干。中心思想和主题是贯通始终的，是商务策划文案的逻辑线索，这个主体逻辑线索又由各个部分支撑，在各个支脉上，又分为若干个次级主干，以此发展构成了商务策划文案的整体骨架。中心思想和主题的作用，是将所有的思考线索串联起来，构成商务策划的全部思考过程。

在商务策划文案创作时，最重要的工作就是建立中心思想和主题构成的商务策划逻辑框架。由一条主要线索构成主干，主干由若干个支脉构成，依此类推，形成一篇完整的商务策划文案。因为商务策划文案通常是在商务策划活动解决问题方案形成之后才动笔写作的，所以不同于商务策划的思考过程，用鱼刺图将所有现成的材料组织起来，既是可能的，也是便捷的。

在商务策划过程中，一种重要的思考方法——卡片法，就是典型的以中心思想和主题为统领进行的。在商务策划文案创作过程中，也一样可以按照卡片法的程序，用鱼刺图的形式将所有的材料浓缩做成卡片，放在一张大纸上，用线条将它们串起来。如果发现某个材料不能进行归类，就另外设一个类别，用连线串接起来。这样的办法虽然显得比较笨，但却是非常有效的。按照这样的方式进行写作，可以十分清楚明了，也保证了写作中不至于遗漏重要内容（见图1-4）。

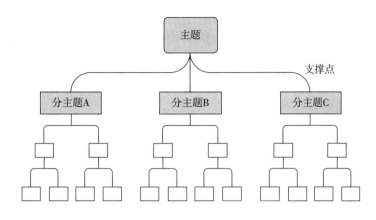

图1-4　用主题来统领材料

1.2.3　从后面开始

在实际商务环境中，不论是委托方还是被委托方，无论是企业组织的决策者，还是非营利组织和政府机构的领导人，时间都是最宝贵的。如果一篇文章，按照常规的方式层层推进，最终才能达到高潮，得出结论和给出行动方案，那很可能在一开始就被他们认为是浪费时间，从而产生强烈的抵触心理。

从后面开始，意味着要把商务策划解决问题的重要部分依次前置，避免平铺直叙，让阅读者能够直接获得商务策划的核心内容，并在时间和兴趣足够的情况下，对商务策划方案进行整体和细致的了解。

在商务策划文案中，一般意义上，摘要和目录能够让阅读者直接了解商务策划的全貌，引导阅读者进行有重点的阅读。但是，这还远远不够。

在商务策划文案创作中，应当注意以下几点。

第一，动笔写作之前，从结论和行动开始，倒过来思考，厘清策划的基本逻辑，找到解决问题的主要线索。这条主要线索就是策划的主题，把握清楚了主题，才能依照这个主题，进行材料的选择和组织。

第二，在写作过程中，按照重要程度分出各个部分，将重要的内容放在前面。商务策划文案的写作，有些类似于新闻写作，有一个倒金字塔形的结构，即将重要的内容按照时间、地点、人物、事件，浓缩写在前面，让阅读者一目了然。在商务策划文案中，可以按照这样的顺序来组织写作：主要的解决问题策略（行动方案）——问题的界定和分析——方案的形成、组织和保障——行动方案的执行和实施——相应的补充证明材料。由前到后，各个部分的重要性逐渐降低，受阅读者的关注度也相应降低，这样安排可以使阅读者首先看到他们最关注的内容，从而节省阅读时间，使其将主要精力放在最重要的问题上。

第三，在商务策划文案各个部分的写作中，也应当先提出结论（以标题的形式），再进行说明，这样有利于阅读者提纲挈领，抓住商务策划各个部分的重点。

从后面开始，先提出观点和结论，再进行相关的说明和论证，不仅可以更直接、更有效地传达写作意图，而且可以帮助商务策划文案的写作者将文案写得更简洁，减少不必要的叙述和繁复的论证。

1.2.4 列举与组合运用

在商务策划解决问题的过程中，了解清楚了问题的内涵和结构，明确了问题的背景和解决问题的目标后，进行寻找解答的工作，这时需要的不仅是逻辑论证的方法，还需要发散的、创造性的思考。思考方向不再是纵向延伸，而是水平扩展和发散辐射的，甚至是跳跃式的。这样的思考方法有时会非常有效，在解决问题时常会用到。

在商务策划文案中，要想将复杂的思考过程表达清楚，单纯依靠文字叙述，不但可读性差，有时还会显得混乱纠缠。用列举和组合的方法，将复杂的内容用图形、图表和图片来传达，就显得干净、凝练。

列举和组合的写作方法，不仅在表达创意构思和阐述行动方案的时候有用，对于纵向论证的分析过程，也是有用的。

1.2.5 不重复、不遗漏

采用鱼刺图的写作方式，简洁而明确，表达充分。严格按照鱼刺图的原则写作，就能够避免重复和遗漏。鱼刺图写作原则要求在相同的相近的和有交叉的论点之间，具有排他性和独立性。这样的列举和论证，才是理由充分、证据确凿、相互支持、逻辑明确的，才能让别人对自己的专业能力产生信服。

在列举的时候，每一个策略（办法）都应当是明确的、独立的，同时要穷尽所有的可能性。整理之后论证结构如图 1-5 所示。

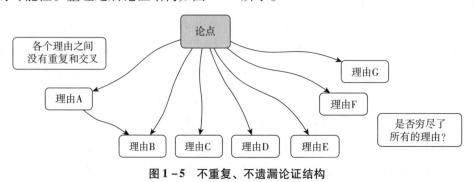

图 1-5 不重复、不遗漏论证结构

在每一个列举项下面可能还有几种可能性，可以分细目列举。列举之后，就每一个可能性的策略进行分析，指出其优缺点、风险和可行性。最后，还要用组合的方法，将所有的列举项进行分类，统一进行评估。

正如我们在前面说明的那样，在建立中心思想和主题的整体骨架的时候，如果发现其中两个论点内容相同或相近，应当把它们归为一类；如果不能归类，就应该另外建立一个类别，用连线串接起来。这样做可以使我们在写作时不至于重复啰嗦，或者逻辑不清楚。同时，建立中心思想和主题骨架的时候，一个主题下面，应当尽可能地包含所有的可能性，不留下让人疑惑或者产生异议的其他可能。

商务策划文案的性质，决定了商务策划文案的写作以实现沟通为最终目标。要保证沟通的效率和有效性，在商务策划文案创作中，就必须遵循一定的写作原则。这些原则都是从实际应用的角度，根据商务策划文案创作的特定要求发展出来的。

商务策划文案创作需遵守其基本的原则，即明确与精准原则、简洁与简练原则、逻辑与层次原则，以及连贯与照应原则。在商务策划文案的基本原则中，前两者是对于文字和表现形式而言的，后两者则是更深层面的。它们是商务策划专业水平的体现。

商务策划文案创作，应遵循鱼刺图写作原则。鱼刺图写作原则要求，首先应明确商务策划方案的基本逻辑，寻找逻辑线索，将所有的材料串联起来，把握整体的骨骼和框架。其次，在写作中，先提出结论和观点，再进行相关的论证和表述，以便阅读者能够一目了然地阅读和理解商务策划解决问题的基本思路及相应论证。最后，还要求用列举和组合的方法，尽量减少文字叙述的繁复和理解障碍，使阅读者感觉轻松。此外，在商务策划文案创作时，要注意相同的论点不重复，相应的其他可能性不遗漏。

二、语言使用与表达

商务策划文案创作的中心任务，就是如何使用恰当的语言表现手段准确地传达商务策划的内容。使用什么样的语言表现手段，以及怎样使用这些语言表现手段，是贯穿始终的问题。

任何一份商务策划文案，都是以某种形式、通过某种介质传达的商务策划解决问题的过程和方案。对于商务策划文案创作人员来说，能够使用恰当的语言表现手段准确地传达商务策划的内容，既是商务策划文案创作的任务，也是商务策划文案创作人员写作能力的体现。

同一个策划方案，不同的文案写作，会有完全不同的沟通效果。语言表现的重要性是不言而喻的。本质上，商务策划文案创作就是如何进行语言表现的问题。

商务策划文案主要的表达是借助语言进行的。语言是思维的外壳，是思维的直接反映。思考的过程和思考的方法，通过语言可以反映出来。同时，语言也是交流的工具，反映了会话人的态度、品位和素质。商务策划文案的语言使用不仅体现了商务策划的思考过程和解决问题方法，更体现了商务策划专业人员的综合素质。

2.1 叙述语言

叙述语言是相对于诗化语言而言的。叙述语言指对事实进行客观描述，不带主观倾向的语言。而诗化语言，是带有明显主观情感倾向的语言。

商务策划文案不同于诗歌、散文和其他文体，具有自己明确的任务。它通过对事实的冷静分析和客观描述，展示问题分析过程和问题解决方案，体现严谨求实的敬业精神和专业素养。商务策划如果是"大胆设想"，那么，商务策划文案就只能是"小心求证"了，既然是求证，就必须严谨、务实、冷静、客观，让阅读者透过文字看到事实本身，并且通过这些对事实和问题的陈述和分析，顺着解决问题的思路，得到结论，从而对商务策划解决问题的策略产生认同。

同时，商务策划文案最终是要提供给具有决策权并承担决策风险的决策者阅读并付诸实施的，不能付诸实施的商务策划文案是没有意义的。决策者依靠冷静的而不是情绪化的判断进行决策，需要客观的不带倾向和偏见的事实及对事实的科学分析作为依据。一旦决策失误，决策者和他所代表的组织将承受难以挽回的损失，决策者所肩负的责任不允许他感情用事。因此，为其提供决策依据的商务策划文案必须是客观、严谨的。

使用叙述语言，用明确、准确、具体、客观的语言介绍当前问题的背景，分析问题的结构和成因，阐述策略构思的基础和策略设计的构想，展示策略方案的构成，科学地评估策略方案的效益和价值，是商务策划文案语言使用的基调。

2.2 句式的使用

一般文体的写作通常使用四种句式，即陈述句式、疑问句式、感叹句式和祈使句式。在商务策划文案创作中，有些句式的使用受到限制。

在商务策划文案中，最常使用的是陈述句式。通过陈述句式，客观地陈述事实，介绍背景，分析问题和阐明策略方案，通过事实的逻辑反映思考的逻辑，获得阅读者的认同。在商务策划文案中，较少地使用祈使句式，极少使用疑问句式和感叹句式。

疑问句式通过设问和反问来体现。在平时的交流中，疑问句式可以提起注意，引导思考，但在商务策划文案创作中，疑问句式却不能达到这样的效果。自问自答的设问，给阅读者的印象是思路不顺畅或者表达不流畅；反问则让阅读者感觉到写作者对自己不够尊重，从而增加了反感情绪。有经验的文案写作者对此相当慎重。

在与对方达成充分谅解、获得对方充分信任的前提下，从双方合作的角度，可以有条件地使用祈使句式，但应当能够明确地让对方感受到是出于对双方共同利益和目标的考虑，而且没有命令和强制的痕迹。感叹句式由于带有太强的感情色彩，容易冲淡商务策划文案的严谨性，影响文案的说服力，最好不要使用。纵使商务策划的策略设计精妙无比，策划方案可能带来的效益不胜枚举，在商务策划文案的语言使用上，也必须冷静客观，用事实本身说话，而不是从事实背后跳出来，自我陶醉，大发感慨。

2.3　修辞

商务策划文案是严谨朴实的，但绝不是干瘪枯燥的。在商务策划策划文案中，修辞手法的运用不但能够有效地传达思想，陈述事实，更能够提高文案的可读性，使商务策划文案声情并茂。

在商务策划文案创作中，常用的修辞手法如下。

2.3.1　排比

用结构相同或相似、语气一致的一连串词句，把相似或相关的内容表达出来，这样的修辞手法，叫做排比。运用排比，能加强语气。排比的修辞手段，用于叙事，语意畅达，层次清楚；用于抒情，节奏和谐，显得热情洋溢；用于说理，条理分明，适合详尽的论述。

在商务策划文案中，使用排比句式，能够使复杂的内容层次清楚，逻辑条理明确，不论是在陈述事实，还是阐明有关分析和思考，乃至在表现策略设计上，都能够使文案的语言具有极强的张力，增强文案的说服力。

2.3.2　省略

合理的省略，可以使文字显得更为简练，短促有力。

在商务策划文案中，通过上下文之间的联系可以比较清晰地发现被省略的成分，逻辑清楚，层次分明，这样的省略是非常必要的。常见的省略通常是承前省、蒙后省、同语省、自述省和预设省。

在上文中已经很清楚的某个成分，通常是主语，在下文中省略，阅读中不影响思路和逻辑，这是承前省；在下文将有明确的交代，而且直接可以推测的是蒙后省；在同一个句子中，因为成分相同，语词相同，并列的结构中省去前部分的成分，称为同语省；在写作中，不必专门提及，让阅读者可以领会是商务策划文案创作者的，是自述省；而因为商务策划的问题和策略方案的实施主体是阅读者一方，在文案中不必专门提及的，是预设省。

2.3.3　对偶

对偶是将结构相同、字数相等、意思相同或者相反的两个句子并列在一起的修辞手法。使用对偶的修辞手法，具有工整的结构形式，气势恢弘，因此具有较强的语言感染力。

在商务策划文案中，为了增强文字的可读性，加强文案的形式美，常常使用类似对偶的句式。这样的句子，字数相等，结构相同，虽不一定完全工整，但阅读起来有较强的层次感和气势，容易上口，便于记忆和理解，这是商务策划文案创作的常用手法。

2.3.4　其他修辞手法

除以上的修辞手法外，比喻、夸张、双关等手法，也偶有所见。但是，由于商务策划文案的整体风格是严谨朴实的，即使要使用，也须十分谨慎，否则会影响阅读者对商务策划方案和商务策划人员专业素质的评价。

2.4　专有名词与术语

由于商务策划文案具有特定的语用环境，专有名词与术语的使用必须非常慎重。

专有名词指属于特定领域、特定行业、特定组织和特定群体使用的表达，对于其他的领域和群体，可能是不通用的；但既然约定俗成，为这个行业、这个群体所公用和认同，就成为这个行业和群体的用语规范和交流手段。在商务策划文案创作中，对专有名词应当予以尊重，在应该使用专有名词的地方严格使用专有名词。

专业学术领域特有的规范表达，被称为专业术语。在商务策划文案中，术语主要指商务策划人员使用的属于专业领域的习惯表达，如营销、管理、金融、财务的专业用语以及属于商务策划课题内容的规范表达。这些表达在研究领域具有特定的内涵和外延，不能模棱两可，似是而非，更不可以按照自己的理解，望文生义，随意曲解。

2.5　表达习惯

商务策划文案的写作目标是实现与被委托方的沟通，完整准确地呈现商务策划解决问题的过程和商务策划方案。因此，在商务策划的表达习惯上，需要进行长期的锻炼，以求接近对方的阅读习惯和认知方式，达到阅读者思维上的认同。

对于商务策划文案的表达习惯有两个标准：阅读者标准和自身习惯标准。完全按照阅读者标准，使用阅读者习惯的表达方式进行表达，当然能够获得阅读者的认同，有利于与阅读者的沟通，帮助阅读者理解。商务策划文案创作人员的基本思维方式与委托方决策者的思维方式不应该有本质上的差别，甚至应当寻求与委托方的思维认同，站在对方的立场思考问题，自发、自信地形成既务实、严谨，又潇洒灵动的表达风格。

2.6　语言风格

商务策划文案创作的语言风格，是商务策划文案创作人员根据文案的内容和文案的写作目的，在语言使用上形成的区别于其他文案写作者的特征。长期进行商务策划文案创作，必然会形成自己独有的语言风格。"文如其人"，风格相当程度上是写作者个人或机构行为个性的反映。在商务策划文案创作中，一个人或者一家策划咨询机构，可以逐步形成自己区别于他人的语言使用、文案结构、文案章法等方面的风格。

2.6.1　朴素平实

商务策划文案在语言使用上普遍偏向朴实稳重，作为一种重要的语言风格，朴素平实可以在看似平常的叙述中，呈现出清晰的思考和细致的分析，不着痕迹地引导阅读者思考，在不知不觉中使阅读者接受商务策划方案。

2.6.2　沉稳冷峻

在商务策划文案创作中，文字沉稳、老练，不夸饰、不虚浮，用语严谨、词锋犀利、措辞老辣，这样的语言风格能够发人深省、启迪智慧、使人警醒，很多企业组织的决策者也很欣赏这种语言风格。

2.6.3　明确洗练

使用语言明确、准确、精确，惜墨如金、要言不烦，干净利落、绝不拖泥带水，语气刚毅果断，文字有较强的表现力和感染力，这样的语言风格催人奋进、激励斗志，阅读起来生气勃勃、斗志昂扬。

2.6.4 缜密细腻

缜密细腻的语言可以将复杂的内容用细腻的笔触清晰地呈现出来，层次清楚，条理分明，联系紧密。这样的文案阅读起来如行云流水、畅快淋漓。

商务策划文案的语言风格，不但要与商务策划文案的主题协调，还要与自己的个性、与商务策划过程中自己和团队表现出来的思考方法和交流习惯（风格）相协调。否则，就会让人有突兀之感，增加了心理上的抵触，进而影响双方的沟通。

三、视觉语言的运用

商务策划文案使用文字为主要手段进行表达，但由于商务策划所要表达的内容通常十分复杂，仅使用文字无法清楚地表达内容，或者即使文案写作者认为自己已经表达清楚，但读者阅读起来仍然感到十分吃力。如果一篇商务策划文案通篇都是沉闷的文字表述，阅读者不免会感到难以卒读，产生强烈的抵触情绪。

为此，商务策划文案的语言表现，还应当考虑文字之外的其他表现手段。而最直接、最清晰的表现语言，就是视觉语言的运用。

商务策划文案视觉语言的运用主要指图形、图表、图片等的运用，同时，还包括现场展示、PPT 多媒体幻灯片、道具演示、声像资料的运用等。

3.1 图形、图表与图片

有经验的文案写作者都是视觉语言运用的高手。他们设计精美、准确的图形、图表和图片，使商务策划文案具有很强的可读性和趣味性，为商务策划文案创作者实现其沟通的目标提供了有力的支持和帮助。图形、图表和图片可以十分简洁、生动地表达那些内容复杂、难以言传的信息，使商务策划文案的文本显得简洁明确、精美漂亮。

3.1.1 图形

商务策划文案创作者要熟练地运用图形表达复杂的内容，它们是最有用的工具。以下的基本图形是常用的。

1. 饼形图（扇形图）

涉及复杂的比例关系，如市场份额、人员结构、利润构成等内容，可以用饼形图（扇形图）来表示（见图 1-6）。

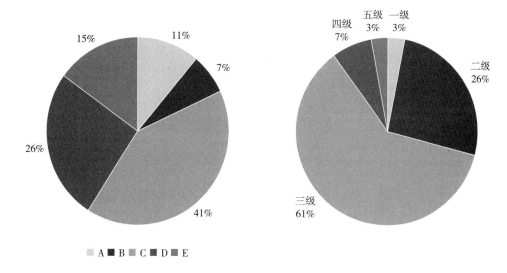

图 1-6　饼形（扇形）图示

2. 曲线图

曲线图能够非常直观地表现事物发展演进的脉络，清楚地呈现不同时期事物的发展变化轨迹。

3. 柱形图

柱形图可以比较简洁地表达时间序列的变化、频率波动情况和不同主体之间的比较（见图 1-7）。

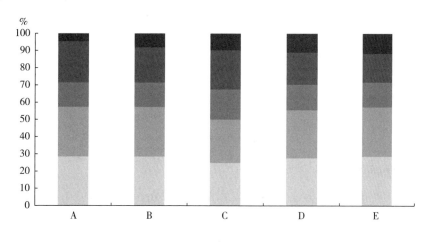

图 1-7　柱形图示

4. 条形图

条形图是柱形图的变化形式，只不过水平放置后，在进行相关数值的比较时，显得更清晰、更直观一些（见图 1-8）。

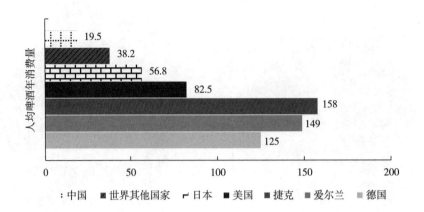

图 1 – 8　条形图示

5. 结构图

对于活动组织和组织结构设置之类复杂的内容，用文字难以简洁地说明，画出组织结构图，便可以清晰地呈现各个部门的结构关系，使复杂问题简单化（见图 1 – 9）。

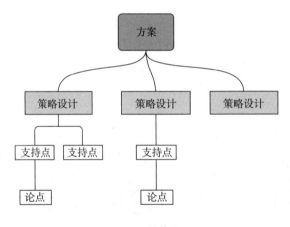

图 1 – 9　结构图示

6. 水平分层图

水平分层图可以用来表达多个主题各自的变化和在整体格局中的位置变化，如果用文字来表达，则比较繁琐（见图 1 – 10）。

7. 流程图

对于商务策划背景分析、策略构想过程、策略实施具体流程安排，运用流程图可以简明地表达各个活动程序之间的关系逻辑，使条理清楚，结构层次明晰，是商务策划文案中策略设计和方案展示的重要工具（见图 1 – 11）。

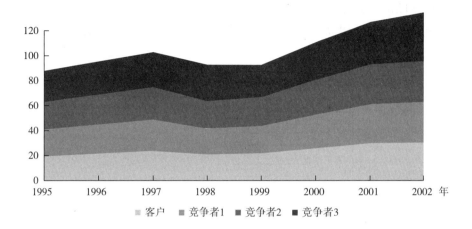

图 1 - 10　水平分层图示

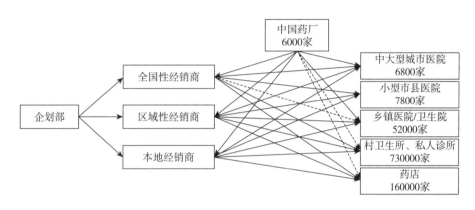

图 1 - 11　流程图示

8. 甘特图

甘特图也称为线条图、展开图、横线工作图或者生产计划进程图，是以 20 世纪科学管理的先驱、美国管理学家亨利·甘特的名字命名的，是一种用来表现完成每项活动所需时间的条形图。在甘特图上，阅读者可以非常明确直观地知道有哪些任务需要在哪些时间段做，而且可以根据需要随时对任务进行更新。对于商务策划文案所表达的策划方案的实施和控制，使用甘特图就非常清晰，并方便读者随时根据项目任务的需要，调整时间任务（见图 1 - 12）。

9. 网络结构关系图

对于因果关系复杂，多因多果，一因多果，一果多因，或者系统之间和系统内部联系复杂的系统结构，用结构关系图可以清晰地加以阐释（见图 1 - 13）。

此外，还有其他一些非常简明也非常精确的图形（如鱼刺图，见图 1 - 2、图 1 - 3），可以表达复杂的文字难以清楚表达的内容。至于在一篇商务策划文案中到底采用哪些图形，商务策划文案创作者可以根据需要，进行独立的开发和设计。要尽量使复杂的语言变得简单，使深刻的内容充满趣味，使商务策划文案的表达轻松活泼。

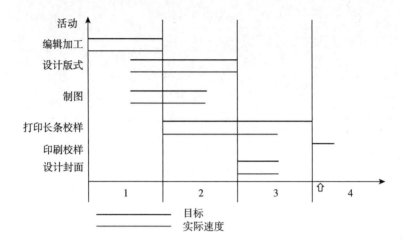

图 1 – 12　甘特图示

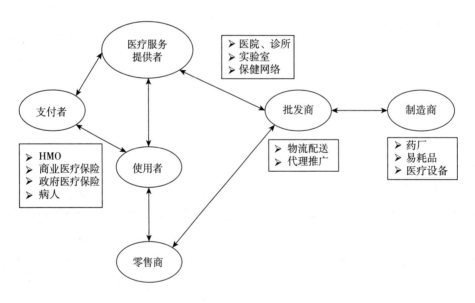

图 1 – 13　网络关系结构图示

3.1.2　图表

图表和表格是最常见的表达复杂事件和数据关系的工具。涉及多个人物、任务、资源分配、行为表现的信息，用文字是较难传达的，画表格就简单得多了。

图表和表格表达的内容可以千变万化，但基本主体是不变的，就是行与列的交叉，然后将相应的项目填进去，使之清晰可见。以下是一些基本形式的表格示例，见表1–1和图1–14。

表1–1　某学校学生居住情况统计

项目	上学距离				上学所用时间			
	500 米内	500 米至 1000 米	1000 米至 5000 米	5000 米 以上	10 分钟 以内	10 分钟 至 20 分钟	20 分钟 至 30 分钟	30 分钟 以上
一年级								
二年级								
三年级								
四年级								
五年级								
六年级								
总人数								

为了使表格显得更美观，可以使用边框，表格中的字体字号也可以做一定的改进。

另外，矩阵介于图形和表格之间，由 19 世纪英国数学家凯利首先提出，后经改进成为策划咨询中常用的工具。

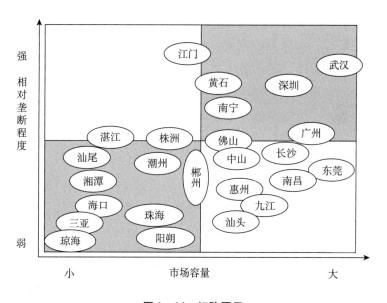

图1–14　矩阵图示

3.1.3　图片的使用

在商务策划文案中，往往需要大量使用图片。对于产品实物、产品售点陈列、项目使用场地、展览会、新闻发布会、广告设计与制作等内容，用文字、图形、图表（表格）是很难表达的，而图片具有非常强的表现力，可以充分展现所要陈述的信息。

图片的使用使商务策划文案的可读性得以大幅度提高，是商务策划文案常常使用的表现手法和重要的语言形式。图片的使用以清晰地表达内容为主导，不可喧宾夺主。图片是为策划文案的主题服务的，要依据主题需要来剪裁，什么地方该使用图片，什么地方该使用图形和图表，应当有一个整体的安排和设计。同时，图片应当清楚、准确、恰当地表达内容，为主题内容提供说明和补充。

3.2　PPT 多媒体

多媒体是商务策划文案创作的重要形式。PPT 多媒体幻灯片直观、生动、简洁、色彩丰富，表达自由，易于保存，便于翻阅，能够直接用于培训和展示，非常受欢迎。在计算机普及的今天，使用 PPT 多媒体幻灯片演示，能够既快又好地传达商务策划解决问题的过程和商务策划解决问题的方案。

3.2.1　PPT 幻灯片的制作

可使用专门的软件制作富有吸引力的 PPT 幻灯片，从基本操作，到表格图形的制作，乃至到动画、音效的设计，都有明确的指导。要实现商务策划文案的目标，对 PPT 幻灯片的制作，必须精心安排。

第一，幻灯片的制作，要从整体上把握内容，合理组织，巧妙安排。对于 PPT 幻灯片的内容设计，开头一定要巧妙精美，引人入胜；中间部分内容要充实，论证要充分，分析要透彻；而结尾部分要凝练有力，富有平衡感。

第二，对于幻灯片的色彩搭配、图表图形、动画设计等，必须与商务策划文案所要表达的主题一致，服从于内容的要求。要充分体现 PPT 幻灯片生动直观的特点，使之美观、简洁、庄重。

3.2.2　PPT 幻灯片的使用

PPT 幻灯片是商务策划文案的一种语言表达方式，是手段而不是目的。要明确的是，尽管其有取代纸张介质文本的趋势，但并不表明它可以完全单独使用。要使之得到充分的利用，还必须与其他语言表达形式结合起来。在商务策划方案的提案过程中，幻灯片可以比较生动地演示策划的内容和解决问题的方案，吸引观众的注意力，但还需要与提案时的环境、提案的具体过程，以及提案主讲人的身体语言，甚至还包括与现场观众的互动结合起来，使之相互补充，相互协同，从而达到良好的效果。

此外，商务策划文案所使用的视觉语言还包括相应的声像资料，如三维动画等。同时，在更广的意义上，商务策划文案视觉语言还包括提案时的环境语言，有关提案主讲人和主持者的身体语言，提案时为了补充或强调所使用的各种演示道具，如挂图、产品实物等。

能够巧妙地、充分地利用视觉语言，是商务策划文案创作者能力和素养的体现。

3.3　任务考核

3.3.1　任务分解

（1）阅读"知识准备"文本材料，同时画出重点词汇与语句。

（2）思维导图海报绘制

根据"知识准备"文本材料，将"知识准备"的主要内容绘制成思维导图，并加以解释。

（3）完成汇报材料。根据"知识准备"文本材料及主要内容思维导图制作PPT，并进行汇报。

（4）总结评价，完成任务后做自我评价，同学、师生互相交流后做同学互评、教师评价，并填写任务单（见表1-2）。

表1-2　任务单

项目名称				
姓名			班级	
任务分解	考核要点		任务成果及完成情况	
思维导图	可以按照主要内容绘制精美思维导图			
PPT汇报	PPT完整呈现"知识准备"主要内容，并可以用语言表达要点			
本人在完成时的收获、创新点和不足				
评价	自我评价：3分			
	同学互评：4分			
	教师评价：3分			
	总分：　　　10分			

3.3.2　任务要点

（1）将重点内容绘制思维导图，进行学习研究。

（2）路演 PPT 文档应有概括性、逻辑性，美观大方。

（3）演讲者应自信、大胆，演说流畅。演讲时间控制在 10 分钟以内，用计算机计时，控制演示时间。

第二章　创新创业策划

【项目目标】

社会能力目标：

- 树立科学的创新创业观念、正确的职业道德及风险意识；
- 自觉遵循创业规律、积极投身创新创业实践；
- 学会合作、诚实守信及价值创作、回报社会的责任感。

操作能力目标：

- 能够知道创新创业的概念和要求；
- 能够整合创业资源与掌握撰写方法，完成创新创业策划；
- 能够知道创新创业的程序及方法，实践创新创业。

发展能力目标：

- 掌握资源整合的能力，具备创办和管理企业的综合素质和能力；
- 在项目运营过程中基本掌握分析、概括和总结能力；
- 掌握社交能力，从而提升信息获取与利用能力，提高合作能力。

课件也精彩

扫一扫
更多微课小知识

【知识导航】

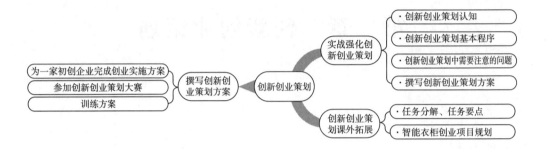

【行业榜样】

"双创之星"宋郑还——创新是自己打倒自己

"我是一个老孩子，我永远是一个孩子，我的一生献给了孩子，之前是做老师，后来创立了'好孩子'这块事业。"好孩子集团总裁宋郑还轻松幽默地跟大家分享了他的创业故事。

创办"好孩子"的故事发生在26年前。

那时的"好孩子"是一个中学的校办工厂，欠着老师的集资款要倒闭了。作为当时最年轻的副校长，宋郑还被安排到这个校办企业，领导要求他一定要想办法稳住工厂。

"当时，一点做企业的经验都没有。但是看了这个工厂以后，我知道了我们该做什么、不该做什么。不该做的就是把命运寄托、依附在别人的身上。当时我就提出来一句口号：'我们要做世界上没有的产品。'"宋郑还说，"当时工厂非常困难，已经8个月没有发工资，谈不上任何技术和资金。而且，不知道世界上没有的产品究竟是什么，太难了。我就想办法创新。最终我设计出来一辆两功能的婴儿车，可以摇可以推，但设计出来以后没有资金投产，就申请了一个专利，卖给了一家镇办企业，拿到了我的第一桶金，4万块钱。"

接下来的路该怎么走呢？

"当时欠老师20多万块钱，假如我发明一个专利就可以赚钱，就能还上这笔钱了。后来我又研发出一辆四功能的婴儿车，在深圳展览会上展出的时候，谁都想要。价格越谈越高，有一家公司愿意出15万块钱买这项专利。"宋郑还说：

"当时我想，这个专利还有点价值。假如我把这辆车做出来，一辆车赚 10 块钱，15000 辆就可以赚回来 15 万块钱。于是第二天就收摊回家，下决心要把这个车做出来。最终这款车在市场上一炮打响。"

"成名后也有烦恼。仿造防不胜防，打官司又麻烦，可能官司还没打完，企业已经被仿冒或倒闭了。"宋郑还介绍，"这个时候我觉得保护自己唯一的、最好的办法，就是自己打倒自己，用新一代的产品打倒老一代的产品。我们继续搞研发，到 1993 年的时候就已经成为国内童车行业的冠军。"

在雄踞国内市场后，一位德国客商在参观"好孩子"集团时说了句"婴儿车不是这么做的"。这句话让飘飘然的宋郑还顿时如梦初醒。随后，他到日本、美国进行市场考察，发现自己的产品跟国际市场存在很大差距。此后，他们就瞄准国际市场创新，多年后，"好孩子"也最终成了国际品牌。

资料来源：央视网，《"好孩子"集团总裁宋郑还：创新是自己打倒自己》，2015 - 09 - 17，http：//news. cntv. cn/2015/09/17/ARTI1442496276350841. shtml。

一、任务 1：撰写创新创业策划方案

请你仔细阅读以下信息并对重点内容做标记，为浩京服装有限公司完成创新创业策划方案。

企业概况

五个刚毕业大学生准备成立一家公司继续完成大学时的创业梦想，五个同学是中学同学，五个同学大学学习的专业分别是服装设计、市场营销、计算机、大数据会计、工商管理专业。几个年轻人结合自身专业特长，经过市场调研决定成立一家服装公司——浩京服装有限公司，现在急需完成创业的策划，请你协助五个年轻人完成创新创业的策划方案。

1.1 创新创业策划认知

1.1.1 创新创业的概念

素养链接：百折不挠的创业精神——在创新创业的道路上难免遇到磕磕碰碰，但是仍不畏艰险，勇于探索，追求创新。

创新创业指在技术、产品、品牌、服务、商业模式、管理、组织、市场、渠道等方面创新而进行的创业活动。创新创业不同于单纯的创新，也不同于单纯的创业，是在创新基础上的创业活动。创新创业中的创新强调的是开拓性与原创性，而创业强调的是通过实际行动获取利益的行为，创新是创业的基础和前提，创业是创新的体现和延伸。

1.1.2 创新创业的必要文件

投资者会通过创新创业者准备好的所有必要文件，对项目进行综合评估与评价。这些文件包括以下几项。

（1）项目简介。一份关于创新创业项目的管理者、利润情况、战略定位以及退出方案的简要文件。

（2）项目经营计划。关于项目情况的详细文件，包括项目经营战略、营销计划、竞争对手分析、财务文件等。

（3）项目综合分析。关于公司、管理队伍以及行业的背景分析，财务可靠性分析。

（4）项目营销资料。与公司的产品、服务有关的直接或间接文件。

在所有这些文件中，最重要的是项目的经营计划，该计划除了要简明扼要、表达准确、突出财务状况并附有数据外，还应体现出管理者的能力和远见。经营计划的篇幅一般应在30～40页，主要内容包括公司背景、所需金额及用途、公司组织机构、市场情况、产品情况、生产状况、财务状况等。

1.2 创新创业策划基本程序

1.2.1 准备阶段

创新创业计划书的编写涉及的内容较多，因此制订创新创业计划前必须进行周密安排。主要包括确定创新创业计划的目的与宗旨，组成创新创业计划小组，制订创新创业计划编写计划，确定创新创业计划的类型与总体框架，制订创新创业计划编写的日程安排与人员分工。

1.2.2 资料准备阶段

以创新创业计划总体框架为指导，针对创新创业目的与宗旨，搜寻内部与外部资料。包括创新创业企业所在行业的发展趋势、产品市场信息、产品测试、实验资料、竞争对手信息、同类企业组织机构状况、行业同类企业财务报表等。资料调查可以分为实地调查与收集二手资料两种方法。实地调查可以得到创新创业所需的一手真实资料，但时间及费用耗费较大；收集二手资料较容易，但可靠性较差。创新创业者可根据需要灵活采用资料调查方法。

1.2.3　创新创业计划的形成

创新创业计划形成阶段要完成以下几项任务：拟定创新创业执行纲要，主要是创新创业各项目概要；草拟初步创新创业计划，依据创新创业执行纲要，对创新创业企业的市场竞争及销售、组织与管理、技术与工艺、财务计划、融资方案以及风险分析等内容进行全面编写，初步形成较为完整的创新创业计划方案；修改完善阶段，创新创业计划小组在这一阶段对创新创业计划进行广泛调研并征求多方意见，进而作出一份较为满意的创新创业计划方案；创新创业计划定稿，并印制成正式创新创业计划文本。

1.3　创新创业策划中需要注意的问题

创新创业计划要重点突出、注重实效。每一份创新创业计划都应有自己独特的个性，要突出每一个创新创业项目的独特优势及竞争力。另外，要注意创新创业计划中所使用资料的时效，制订周期长的创新创业计划应及时更新有关资料依据。产品服务描述应使用专业化语言；财务分析要形象直观，尽可能地采用图表描述；战略、市场分析、营销策略、创业团队要使用管理学术语，尽可能地做到规范化、科学化。创新创业计划内容多，涉及面广，要求小组分工完成，但应由组长统一协调定稿，以免出现创新创业计划零散、不连贯、文风相异等问题。创新创业计划要详略得当、突出优势，机密部分略微简化，以防泄密。

创新创业策划主要有三种用途，不同的用途策划者在策划的时候所要注意的问题各不相同。

第一，给潜在的投资者或其代理人看，用于创业中小企业融资。据统计，只有百分之五的商业计划书能够真正吸引创业投资公司的注意力，更少的商业计划书最终导致中小企业融资成功。一份精心准备的商业计划书不但可以使企业在众多融资申请中脱颖而出，而且可以令创业人员在讲述项目时显得更自信和有条理。

第二，用于同工作伙伴及团队交流时使用，明确公司发展战略及主要策略。对初创的风险企业来说，商业计划书的作用尤为重要，一个酝酿中的项目，往往细节比较模糊，通过制订商业计划书，创业人员把正反理由都写下来，逐条推敲，能对项目有更清晰的认识。可以这样说，商业计划书首先是把计划中要创立的企业推销给创业者自己。写商业计划书的过程可以帮助创业者厘清思路，发现许多原来没有考虑到的问题，对于创业者来讲，预先准备好地图或找到向导，创业的旅程将会安全顺利得多。虽然创业的实际执行情况一般都会与当初的计划有很大的出入，但是有一个深思熟虑的企划方案和目标将大大增加创业成功的概率。

第三，参加创业计划大赛（属于创业教育的重要组成部分）。很多人对商业计划书在创业投资过程中的作用有误解。有人认为"酒香不怕巷子深"，一两页的项目介绍就足够了，认真准备商业计划书对于吸引投资完全没有必要。也有人认为商业计划书越详细越好，写出上百页的商业计划书，里面充满了鉴定报告、报章摘要和大量的分析图表。事实上，创业投资者根本没有耐心读这么长的商业计划书。从另一方面来讲，也很难找到一个创业企业，其发展完全是按原来的商业计划书实施的。创业投资者的经验也表明，商业计划书越长、越详细，后来失败的可能性越大。

1.4 撰写创新创业策划方案

1.4.1 创新创业策划方案的格式及要点

创业者和风险投资者洽谈投资事宜，应该事先制订一份完整的创新创业策划方案，这是创业者寻求风险资金的"敲门砖"。只有在收到创业者的创新创业策划方案以后，风险投资者才能对创业者的项目进行了解和评估，并考虑是否与创业者进行更深入的接触和讨论。对初创的企业来说，创新创业策划方案的作用尤为重要，一个酝酿中的项目，往往很模糊，通过制订创新创业策划方案，创新创业者就能对这一项目有更清晰的认识。可以这样说，创新创业策划方案首先是把计划中要创立的项目与企业推销给创业者自己。创新创业策划方案还能帮助把计划中的项目与企业推销给投资者，创新创业策划方案的主要目的之一就是筹集资金。

因此，创新创业策划方案必须要说明项目的目的与所需的资金，投资者需要投入多少钱，为什么要投入这么多，这些资金的投入应让投资者感觉到值得。对于已经创办的企业来说，创新创业策划方案可以为企业的发展定下比较具体的方向和重点，从而使员工了解企业的经营目标，并激励他们为共同的目标而努力。更重要的是，它可以使企业的投资者以及供应商、销售商等了解企业的经营状况和经营目标，说服投资者为企业的进一步发展提供资金。

创新创业策划方案涵盖的内容一般包括项目概况、企业及其未来、团队成员及管理层、融资需求及相关说明、竞争与风险分析、营运分析与预测，以及有关验证资料。以下是创新创业策划方案正文部分的主要框架。

1. 项目概况

从创新创业策划方案的摘要中，风险投资公司可以获得对该企业的初步印象，即可以看出企业为获取风险资金是否作出了充分的准备。摘要应当形式优美，叙述清晰流畅。

2. 企业及其未来

这一部分将涵盖企业大部分业务范围。从总体上讲，风险投资公司需要了解的核心是企业业务的独特性，以及这一独特性给企业未来盈利前景带来的动态影响，即风险投资公司应明确公司在整个行业中竞争取胜的关键因素。企业及其未来涉及范围很广，商业计划书也不一定面面俱到，主要内容包括以下各项内容。

企业的概况：企业的地址、电话号码、联系人和联系方式。

业务性质：简要介绍企业所从事的主要业务，并对相应的产品或服务作简要描述，从而尽可能地使风险投资公司了解该企业的产品或服务。

业务发展历史：包括企业成立日期，生产产品或提供服务的时间，企业发展的重要阶段和重大事件。

公司前景：可按时间顺序描述企业未来业务发展计划，并指出关键的发展阶段。风险投资公司一般需要了解企业未来几年的业务发展方向及其变动理由。如果预期未来业务发展需要经受许多变动因素的考验，则应解释企业发展成功所必需的条件。

产品或服务独创性：企业的特型可以表现的管理队伍上，也可以表现在产品或服务上，还可以体现在融资结构和融资安排上。总之，企业只有在市场中具有独特性，才有可能具有良好的盈利前景。

产品或服务的价格：对企业产品或服务定价策略的描述，包括产品的价格、价格形成基础、成本、利润及利润构成等。风险投资公司需要了解产品定价是否充分考虑了所有影响因素，包括价格的构成、在逻辑上是否为市场所接受、产品定价是否反映竞争条件下的价格走势，以及价格是否能抵御来自市场降价方面的压力等。

顾客群特征：包括顾客特征描述，购买动机，产品的主要顾客群体及其购买金额和单批购买量。

产品市场描述：主要对产品市场作出描述，包括该行业的销售总额和增长速度，风险投资公司可以据此掌握该企业在市场所占的份额。

竞争者或替代产品：主要对全部竞争产品及竞争厂家进行描述与分析，尤其是分析这些竞争对手的市场份额、年销售额及财务实力。此外还需对本企业产品所具有的优势作出分析。有些企业拥有某种专利权或经营特许权，从而暂时没有竞争对手，但也可能在未来的投资期内出现更为强大的竞争公司或替代产品，因此风险投资公司必须了解潜在的竞争者，其进入市场的时间和方式。如果创业者对竞争对手不甚了解，风险投资公司将谨慎评估其增长的持续性和可靠程度。

营销战略：集中描述产品销售过程和分销渠道，包括公司销售方式、广告战略、市场渗透策略、销售障碍、销售人员构成等。风险投资公司据此分析评价企业的市场行销战略，了解产品从生产现场最终传到用户手中全部过程。

生产工艺：产品的制造过程及其影响因素，重点是企业的生产能力、关键生产环节、质量控制及生产流程，并在此基础上对企业的生产成本和销售成本加以确认。

人力资源构成：包括企业的劳动力资源与现状，以及生产和销售产品所需雇员的形式。主要的问题包括雇员地域分布、雇员素质要求、员工培训计划、工资成本及津贴和年终分红、雇员与管理层关系、工作时间安排、技术人员比例等。

供应商：企业的原材料及必要的零部件供应状况，包括原材料供应商、原材料供应渠道，特殊外购件和关键外购件供货是否及时可靠。还应当提供一份供货商的清单，包括其名称、地址、电话号码、主要联系人，最大的供货商及供应金额，以及关键供应商和唯一原材料供应商的情况。

设备：企业生产所必需的设备的基本状况，包括企业已有或打算购买的主要设备，固定资产总额及变现价值，使用现有设备达到的产量及产值，设备采购周期，设备采购难度，设备安装难度及运转的特殊技术需要，设备的专用性和抵押价值，设备维修费用，设备折旧速度，设备的技术更新速度和设备的竞争优势等。

资产构成与资金：企业当前的固定资产以及未来的固定资产投资需要，资产抵押状况，固定资产的折旧，目前的生产能力和收益，有关融资租赁的财产以及租赁协议文件。

专利和商标：企业持有或将要申请的专利和商标方面的情况，以此判断该企业的独特性。

研究和开发：包括研究开发的支出，已经投入和未来打算投入的资金，以及创业者对投入这些研发资金的目的和产生效果的说明。

涉及纠纷：企业是否卷入或可能卷入各种纠纷事件，如创业债务关系、用户起诉和专利纠纷。

政府管理：在一些特殊行业，政府管制可能会对企业未来发展具有重大影响，如医药或特殊进出口产品的生产。披露相关法律和法规。

3. 团队成员及管理层

企业管理团队状况，包括董事、监事、经理及其他关键人员（如核心技术人员）。

管理层履历：董事、监事、高级管理人员及关键人员的名单，包括其名字、年龄、职位、经历、受教育程度等。

管理者的职业道德：企业提供过去涉及的诉讼和纠纷材料，特别是管理层、董事、监事和主要股东是否有破产或不良信用记录。

薪金：董事、监事、高级管理人员的收入，以及董事会费用、咨询费、佣金、红利和薪金等各种费用。

股份安排：企业是否在内部有股票期权安排。对已经享有股票期权的企业成员，均应列出其期权数量，平均执行价格、已经执行期权数量和尚未执行期权数量。对尚未执行期权，应说明理由。

主要股东：主要大股东名称、直接或间接持股数量、持有的股票期权数量、所占股权比重，期权全部执行后的股权比重以及期权的执行价格。

聘用合同：涉及关键雇员的劳动合同，雇用的原因和年限，以及该雇员的各种福利安排。

利益冲突：充分披露与关联方交易的情况。

顾问、会计师、律师、贷款银行：列示咨询顾问名单、为企业提供服务的会计师事务所、律师事务所、贷款银行及其他相关人士的姓名、地址、联系电话以及费用。

4. 融资需求及相关说明

提议的融资方式：创业者对投资工具的选择意图，以及相应的条件细节，提出针对性方案，为随后进行的财务安排及结构设计提供依据。如果出售普通股，明确普通股类型，是否分配红利，红利是否可以积累，股份是否可以赎回，股份的价格以及所附带的投票权等；如果发售优先股，则需要说明股利的支付方式，是否有回购安排，是否可以转换为普通股及相应的转换价格，优先股股东权利等；如果出售可转换债，债权的期限、利率以及转换为股份的价格和比例；如果含股票期权，购买价格、期权执行价格、购股数量和期权有效期限。

资本结构：企业获得风险资金后的资本结构变化。

融资抵押和担保：企业能否为获得风险资金提供相应抵押品；企业能否为投资提供个人或公司担保，如果是个人担保，提供个人财产证明；如果是企业担保，提供该企业的验资报告。

经营报告：主要介绍企业打算以何种方式向风险投资公司报告经营管理情况，如提供月度损益表、资产负债表和年度审计后的财务报表。

资金运用计划：企业对未来几年所需资金以及使用这些资金的详细规划。

所有权：创新创业策划方案应当列出现有股东持股数量及风险投资公司投资后的持股数量，并给出获得所有权的价格；每位股东的股权比例；如果考虑给予土地使用权、建筑物、机器设备或创业股份，则对其市值也需加以说明。

费用支付：投资过程中所发生的咨询顾问费、律师费等费用的支付方式。

风险投资公司对企业经营管理的介入：风险投资一般要求在企业董事会中占据一定的席位，如果企业希望风险投资公司对企业经营管理的介入更深一些，可以在此加以说明。企业需要哪些方面的增值服务，以及为获得这些服务所支付的费用。

5. 竞争与风险分析

创业者对面临的主要风险加以说明，尽管风险投资公司可能会怀疑企业的客观性，并根据自己的评估经验来独立判断，但企业所提出的问题有助于风险投资公司的评估。一般来说风险包括几个方面。经营期限短：如果企业刚刚成立，经营历史短将是双方讨论的主要风险内容。资源状况：如果企业没有按计划进行业务活动，风险投资公司可能会中止对其的后续投资。管理经验：如果管理层年轻，或者刚刚进入这一领域，可能会经验不足。

市场不确定因素、与销售有关的市场不确定性因素。对任何生产不确定因素都要进行说明。偿债能力：创业者应当分析企业是否有足够的清偿能力，使风险投资公司确认，当企业发展遇到问题而不得不破产时，则投资能回收多少。对企业核心人物的依赖情况：创业者应向风险投资公司解释，任何一个企业核心人物的离开将给企业带来负面影响，谁接替此人的位置，谁来领导企业。企业或有负债情况。

6. 营运分析与预测

创业者应对本企业以前经营状况和项目前景进行综合分析，即根据企业的财务数据，描述企业最近几年来的财务状况，包括净收入、销售成本，营运费用、利息支出及利息收入，并将这些数据归类，使风险投资公司可以清楚地了解企业的经营状况及未来发展前景。

财务报表：对于处于成长阶段和成熟阶段的企业来说，提供一套完整的财务报表对风险投资公司了解企业财务状况非常重要，尤其是当财务报表没有经过独立的审计机构进行审查时。财务报表通常包括合并资产负债表、合并损益表、现金流量表以及表外项目。通过财务报表，风险投资公司可以把握企业的财务比率、经营成果、偿债能力、应收应付账款、或有负债等。

财务预测：企业应该对未来 5 年的财务预测以及一份针对未来一年的详细的月度现金流量表进行说明，使投资者能够大致掌握企业的现金流量走势，为价值评估和下一步审慎调查打下基础。

1.4.2 撰写创新创业策划方案的注意事项

良好的创业策划方案所通常具备两个主要特征：一是简洁，二是完整。前者指一份创业策划方案篇幅不宜太长；后者则要求企业全面披露有关信息，如果披露不完全，风险投资公司会对未披露信息加以特别关注。风险投资公司欢迎创业者提供任何有助于说明创业企业或项目的相关资料，以进行更全面的评估。

撰写创新创业策划书时应突出原始创意的价值，不鼓励模仿；体现互联网技术、方法和思维；在销售、研发、生产、物流、信息、人力、管理等方面有突破和创新。策划书的团队情况主要阐述管理团队各成员有关的教育和工作背景、价值观念、擅长领域，成员的分工和业务互补情况；公司的组织构架、人员配置以及领导层成员；创业顾问，主要投资者和持股情况；战略合作企业及其与本项目的关系。撰写带动就业前景部分应对项目能增加的社会就业份额；发展战略和扩张策略的合理性，上下产业链的密切程度和带动效率等情况进行阐述。同时，在策划书中，涉及数字表述时应该尽量使用图表的形式，更清晰明了地体现策划者的意图。

参考格式：创新创业策划方案

一、项目概况

介绍项目背景，即所要从事创新工作的领域；项目方法，创新的类型（理论创新、应用创新、原始创新、模仿创新、产品创新、工艺创新等），创新工作的主要内容、拟达到的主要目标及其意义等。

二、公司及未来

介绍项目情况，拟从事具体创新项目的来源，具体内容，技术的先进性，研究的技术路线与可行性，创新工作的重点与难点，创新成果的形式（新产品、新技术、专利、论文、专著等）与水平（如有多个创新项目可分项目写）。

三、团队成员、管理层

介绍现有团队情况与人力需求，创新人员的技术优势与专长。

四、融资需求

项目目前经营情况、投融资情况。

五、竞争与风险分析

主要介绍同类研究的发展情况，创新工作面临的技术风险与市场风险等。

六、经营预测

工作计划。近3年的工作安排、各个阶段拟达成的目标和阶段性成果。分析创新工作和创新成果的经济效益与社会效益。

1.5　任务考核

1.5.1　任务分解

（1）收集几个同类企业服务项目的创新创业策划方案。

（2）完成创新创业策划方案的撰写。

（3）制作创新创业策划路演 PPT，并进行路演。

1.5.2　考核要点

（1）比较同类企业服务项目的创新创业策划方案，进行学习研究。

（2）撰写创新创业策划方案要综合考虑拟策划的企业服务项目的特点、市场环境、竞争对手的相关策略等因素。

（3）创新创业策划方案的结构、文字、排版规范，封面、摘要和关键词、目录、正文、结语、参考文献、附录的构架要完整。

（4）路演 PPT 文档应有概括性、逻辑性，美观大方，演讲时间控制在 10 分钟以内。

（5）分工演示，有人操作、有人演讲。演讲者应自信、大胆，演说流畅。用计算机计时，控制演示时间。

（6）撰写任务报告。

1.5.3　总结评价

任务完成后需完成自评、小组互评及总结评价，打分结果上报任课教师。

（1）自评。每个小组进行自评，并阐述小组做得好的地方和不足之处。

（2）小组互评。每个小组负责给其他小组打分。小组考核评分计入表 2 - 1 中。

表 2 - 1　考核评分表

考评班级		考评时间	
考评小组		被考评小组	
考评内容			
考评标准	内容	分值	实际得分
	工作分工	2	
	工作演示	4	
	工作成果	4	
合计		10	

（3）教师反馈结果并点评。教师汇总每个小组评分，计算并公布每个小组的平均得分，对得分最高小组给予奖励，并对每个小组的汇报进行点评。

（4）总结评价。按计划完成工作任务后，各小组上传任务成果，填写工作任务单（见表 2 - 2），完成评价。

表 2 – 2 工作任务单

项目名称				
姓名			班级	
任务分解	考核要点		任务成果及完成情况	
收集相关方案	比较同类企业服务项目的策划方案，学习研究			
策划方案	撰写方案要综合考虑拟策划的企业服务项目的特点、市场环境、竞争对手的相关策略等因素；结构、文字、排版规范，封面、摘要和关键词、目录、正文、结语、参考文献、附录的构架要完整			
路演 PPT	PPT 文档应有概括性、逻辑性，美观大方			
路演	路演时间控制，分工演示，演讲者应自信、大胆，演说流畅。用计算机计时，控制演示时间			
总结：本人在完成时的收获、创新点和不足				
评价	小组合作：4 分			
	书面表达：3 分			
	语言表达：3 分			
	总分： 10 分			

二、任务2：实战强化创新创业策划

2.1 任务分解

（1）阅读下文范例材料，在范例中画出重点词汇与语句。

（2）思维导图海报绘制。根据范例，将创新创业策划方案的主要内容与主要格式绘制成思维导图，并加以解释。

（3）收集几个同类企业服务项目的创新创业策划方案并加以学习分析。

（4）总结归纳出某一相同主题创新创业策划的特点、优点与不足。

（5）总结评价，完成任务后做自我评价，同学、师生互相交流后做同学互评、教师评价，并填写任务单（见表2 – 3）。

表 2-3　任务单

项目名称			
姓名		班级	
任务分解	考核要点	任务成果及完成情况	
相关方案主题	比较同类企业服务项目的策划方案，学习研究		
策划方案	总结归纳出某一相同主题创新创业策划的特点、优点与不足		
本人在完成时的收获、创新点和不足			
评价	个人评价：3 分		
	同学互评：4 分		
	教师评价：3 分		
	总分：　　10 分		

2.2　任务要点

（1）比较同类企业服务项目的创新创业策划方案，进行学习研究。

（2）绘制范例创新创业策划方案思维导图，要综合考虑策划方案的结构、文字、排版规范，注意策划方案的构架及内容。

（3）收集创新创业策划方案，找到创新创业策划方案的共性特点，总结创新创业策划方案的相关策略等。

范例 2-1　智能衣柜创业项目策划

一、项目概况

1. 背景：在当今科技改变生活的时代，"智能"已经成为当今社会的一个流行词，各家公司主打的智能居家产品层出不穷，小到智能插座、门锁，大到智能家电。智能产品早已融入我们的生活当中。本着以人为本，科技为中心，我们产生了一个想法，一款更智能更有科技范儿的衣柜。我们调查了市面上的智能衣柜产品，但绝大部分的智能衣柜其实并不够"智能"，仅仅有一个遥控开关的电动门，这怎能算得上是"智能"？

2. 方法：我们想到，推出一个能与时俱进，跟随科技潮流，并且十分实用的新型衣柜产品，吸引消费者的目光与带动产品创造能力。本着"以人为本，万物互联"的思路，我们想到了——柜智家居衣柜。

3. 客户：家居产品消费是一个庞大的消费群体，这不是臆想，而是基于国内的人口基数。如果用我们的创新能力，可以吸引到足够的消费群体，就能在一定程度上带动智能家居产品的发展与创新。

二、公司及未来

1. 项目名称：智能衣柜

2. 主要产品：柜智家居衣柜

3. 产品介绍

（1）主打产品：柜智家居衣柜

（2）产品设计：衣柜采用了简约的现代风格设计，我们将内部空间进行重新规划和调整，使内部空间能被更好地利用。内部分为三个区域：厚衣物区、适中衣物区、薄衣物区。这三个区域被分隔开来，贴有电子标签，以便更简单地区分和整理衣物。衣柜柜门为自动门，可用外部面板进行操控开关。柜子内部预留可折叠支架用作配饰的存放。柜子下部设有鞋柜，与上方的衣物部分相隔开。

（3）产品功能：衣柜内设有衣物干燥装置、香薰装置和紫外线灭菌装置。柜子外部设有镜子，与柜门相连，镜子下方有一整块隐藏式的可触摸显示屏幕，装有AI摄像头装置和微电脑，我们将它们合为一个整体，称为"智能魔镜"，它可联网，是衣柜的一部分。用户可按照自己的需求在"智能魔镜"上操作。

"智能魔镜"可以与家中其他智能设备相连，如语音助手、智能网关、温湿度传感器等。"智能魔镜"可以通过互联感知室内和柜子内的温湿度，自动启用柜内干燥装置和紫外线消毒装置，保持衣物干爽无异味。"智能魔镜"可向用户提示天气状况，推荐的衣物搭配。而这只是"智能魔镜"系统的重要功能之一。"智能魔镜"还有一个重要的功能就是AR系统，接入电商网络后用户可在操作面板上随意挑选搭配的衣物，通过AI摄像头，运用AR系统在镜子上进行实时映射换装。用户可在镜子上看到自己的换装效果。挑选完成后，用户可直接在操作面板上进行下单和支付购买。

4. 产品生产与服务：产品拟定为第三方代工生产，将由本公司提供设计方案和生产计划。

5. 竞争分析

（1）产品竞争力：如果将柜智家居衣柜投入市场，会有较大的市场吸引力与产品竞争力。因为在市场中同类产品很少，本身生产同类产品的公司就寥寥无几，且其他产品的实用性较低，凸显了柜智家居衣柜的优势。我们对此款产品非常有信心。

（2）产品性价比：对于性价比，我们将采用优化商品和零部件供应流程，优化销售模式。采用线上大销、线下小销的方式来降低运营成本，在保证质量的前提下，将产品的性价比拉到最高，打败在同级别中售价等同或更高的产品。

三、团队成员

我们有着小而精干的团队。成员各有所长，分工明确，目标清晰。

（1）队长：赵一，负责产品项目拟定及规划，协调小队及运作，并负责设计公司 logo、宣传册、宣传海报等；具有良好的价值观以及创作审美；对于新型产品有着诸多的想法；担任社团社长；为人谦和友善，亲和力强，可与各类人接触；能很好地管理以及分配自己的小队；有一定的营销经验，善于分析客户消费心理。

（2）副队长：刘四，负责产品质监督与客户服务，针对客户的反馈对产品修改，对细节的把控程度很高，同时具有丰厚的人脉关系，在于产品服务方面有较强的调研优势；担任社团副社长与心理委员；对用户的消费心理变化和体验感有比较准确的判断，有信心让顾客用得开心、用得舒心、用得安心。

（3）核心成员：宋五，负责产品运作与设计，对于产品的理念与创新拥有很多想法与危机处理经验；具有优秀的管理思维与管理方法；拥有较强的执行力，可以果断且不慌乱地完成各种危机处理工作，为团队的整体运营协作与发展前途有独见的想法，给合伙人足够的安全感和信心；在大一上学期即获得企业管理与创新方法的市赛与国赛两个奖项，同时作为班级班长与社团骨干多次策划与实施活动方案，获得很多重要奖项。

四、融资分析

1. 创业模式

（1）目标市场：我们将产品定义为消费级的水平，目标市场主要瞄准在大众消费群体，以及中高端消费群体。

（2）销售与营销：根据调查和了解，我们发现，智能家居、家具产品作为一个新兴产业，处于一个导入期与成长期的临界点，市场消费观念还未形成，但随着智能家居市场推广普及的进一步落实，培育消费者的使用习惯，智能家居市场的消费潜力必然是巨大的，产业前景光明。我们对自己产品的定位有了更清晰的认识。销售采用线上大营销、线下小营销（线大下小）方式。线上我们大力推广和售卖，这样可以节省一定的运营成本，而且通过国内发达的物流体系，我们有信心可以将产品销往全国乃至世界。当然，我们不会放弃线下的推广与销售。我们将与其他智能居家产品商家合作，来推广和销售我们的产品。

（3）收入模式：根据公司框架，我们比较偏向电子商务收入的方法。线下营销能影响收入的不确定因素有很多，这也是我们决定在线上销售方面大力投入的原因。淘宝网、京东、亚马逊（海外）等都是很好的线上销售平台。

（4）成本结构：公司的主要成本集中在产品的研发与升级以及制造。制造主要由第三方来完成，我们不需要投入很大的成本。我们主要采用线上营销，投入的人员成本也大大降低。

2. 融资分析

（1）研发时间短（产品研发的主要难点在程序的编写。因为市场上有足够的零配件供应商，我们无须再去自研零件，只需要设计产品，再编写出适配的程序，这样减少了一部分的研发开支）。

（2）投入低，时机合适，同类产品少，有足够的消费群体和潜在消费者。

（3）所需资源包括产品设计程序研发投资、与产品零配件制造公司接轨、线下商铺对接。

五、竞争与风险分析

1. 盈利情况预测：根据现有的一些数据，我们预测，在公司起步后的 1~2 年，因为产品的研发和投入市场需要一定的资金和时间，公司应该是非盈利或收支平衡的状态。之后 2~3 年，产品已进入市场一段时间，产品可以其质量受到消费者的青睐，公司的盈利会不断上升。4~5 年，因为新技术的变革，产品的盈利逐步走向缓坡路线，届时我们应该推出更新产品，保持盈利状态。

2. 市场风险。能影响产品市场的风险有很多。通过调查，我们列举出了一些有可能会影响公司乃至产品的一些风险：产品市场饱和风险、利率和银行方面的风险、出口外汇风险、金融危机风险以及同类产品竞争风险。

六、经营预测

1. 公司推进：我们正在筹划公司营运框架，包括人员的招聘，公司的注册、公司 CI 系统的构建与设计等。

2. 后期产品研发：我们会在公司成立专门的研发小组，对于后期产品的升级，将投入大量的支持与资金。我们可以参考 3M 公司的研发创作模式，他们会给研发人员一些时间来研究自己感兴趣的东西，并给予资源与资金的支持。我们计划引入这套理念，让产品研发有更好的弹性，让创新也能遍地开花。

三、任务 3：创新创业策划课外拓展

3.1 子任务 1：为一家初创企业完成创业实施方案

实训人员：3~4 人组成一个小组，以小组为单位进行实训。

实训时间：与任务 1 教学时间同步。

实训道具：企业基本资料、新媒体及其他媒体的正在播放的广告。

实训场地：多媒体教室。

实训内容：

制订创新创业计划，为一家初创企业完成创业实施方案，以小组为单位进行讨论，并在全班展示讨论结果。讨论问题如下：

（1）这家企业的盈利点是什么？

（2）这家企业未来发展要达到什么效果？

（3）要达到这个效果，需要做哪些准备？

（4）为企业制订一份创业实施方案。

作业展示：

（1）组长组织组员采取头脑风暴法完成讨论，将各组员的发言记录下来。

（2）组长或某一组员将本组组员的发言进行归纳整理。

（3）组长对组员的表现进行简要评价，填写考核评价表（见表2-4）。

表2-4 考核评价表

班级		小组名称		组长	
组成员					
训练主题					
训练小结					
组长对组员的评价					
教师点评					

要点：

（1）本任务主要培养学生观察实际问题、独立思考、团队沟通等方面的能力。

（2）各小组聆听其他组发表意见的过程中，发现本小组之前没有认识到的问题。

（3）学生将认识到策划方案的灵活性。

3.2 子任务2：参加创新创业大赛

3.2.1 任务分解

（1）对创新创业策划的基础知识复习总结，完成基本知识巩固。

（2）在大学生创新创业大赛（推荐大赛："互联网+"大学生创新创业大赛，https：//cy. ncss. cn/）官网查找并阅读当年大赛资料、企业基本资料及其他新媒体资料。

（3）学习大学生创新创业大赛评审规则，按照比赛要求完成创新创业策划方案。

（4）总结评价：组长组织组员采取头脑风暴法完成讨论，将各组员的发言记录下来。组长或某一组员将本组组员的发言进行归纳整理。组长对组员的表现进行简要评价，填写考核评价表（见表2-5）。

表 2 – 5　考核评价表

班级		小组名称		组长	
组成员					
训练主题					
训练小结					
组长对组员的评价					
教师点评					

3.2.2　任务要点

（1）本任务主要培养学生观察实际问题、独立思考、团队沟通等方面的能力。

（2）各小组在别人发表意见的过程中，可以认识到自己团队没有认识到的问题。

（3）学生将认识到策划方案的灵活性。

（4）注意创新创业大赛的评审规则。

第三章　促销策划

【项目目标】

社会能力目标：

- 树立正确的职业道德观念，提升职业道德修养；
- 具有科学的思维方法和创新的精神；
- 具有团队精神，善于与他人合作。

操作能力目标：

- 能够知道促销策划的概念和要求；
- 能够知道促销的程序及方法，完成促销的整个过程；
- 能够根据促销策划的基本知识为企业完成促销策划。

发展能力目标：

- 掌握正确的学习方法，包括及时记录并总结、归纳概括、应用转化、获取学习资源等；
- 掌握发现问题、分析问题、解决问题的一般研究方法；
- 掌握收集、筛选和运用有价值信息的能力。

课件也精彩

扫一扫
更多微课小知识

【知识导航】

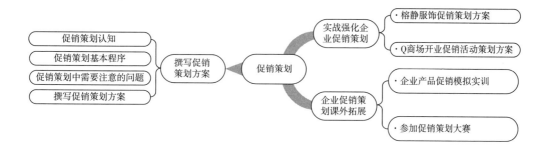

【行业榜样】

中国营销策划十大风云人物——龚勇军

龚勇军，上海智狼营销管理有限公司总经理，中国营销策划十大风云人物，有行鲨鱼（上海）科技股份有限公司董事兼营销总经理，上海鲨鱼新能源科技有限公司董事长，上海互联网营销战略高级研究员，天使投资人。现在很多营销策划公司是在纸上谈兵，真正能落地执行的创意不多，主要原因是其领导人自己对销售模式不懂，其团队能力就不言而喻了。只有真正带团队做过很多成功案例的领导才是值得企业相信的。

营销策划说简单不简单，说难也不难，但是要真正精通这一行，做到只要中小企业说出它们的需求，就知道怎样为它们制订方案，帮助它们更好地向"互联网＋"转型，并不是一两年营销经验就可以实现的。上海智狼营销总经理龚勇军有着十几年的营销策划经验，2013 年成功助推鲨鱼股份上市是他实力最好的一个证明。

龚勇军呼吁企业在选择营销策划公司时，应仔细比对，注意甄别。只有有成功案例的营销策划公司才是值得企业相信的，只有真正帮企业做实事，让企业在花费最少的情况下，得到最大收益的营销策划公司才是值得企业信任的。

资料来源：《十大营销策划公司风云人物：龚勇军》，https：//www. docin.com/p－1331701167.html。

一、任务1：撰写促销策划方案

仔细阅读以下信息，画出重点内容与词汇，并为浩京服装有限公司完成公司新业务的促销策划方案。

企业概况

经过几个年轻人的共同努力，浩京服装有限公司成立后已经初具规模，以实体店时尚女服装批发、代理为主要经营模式，长期以来与广州、东莞、武汉等地服装厂商及快递公司有着良好的合作关系，始终坚持"用真诚赢得信誉，用信用保证效益"的经营理念，在业界具有良好口碑。浩京服装有限公司计划在向服装实体店，以及为淘宝、拍拍和其他独立网店卖家提供最具优势的服装货源与完善可靠的后续服务的基础上，在淘宝、抖音等平台开设网店，同时增加男士服装。由于经营范围的扩大，需要根据现有状况完成促销策划。

1.1 促销策划认知

1.1.1 促销与促销策划的实质

促销是企业生产管理中的一个重要环节，促销的效果在市场竞争中直接决定着企业的命运。如何扩大企业的产品销售，提高企业的销售力，对企业策划人员来说是一个十分重要的课题。促销是具有明确目标的营销工具，通过提供临时性的附加利益，对消费者、中间商及供应商的销售人员的交易行为施加积极的影响。促销策划则是在市场目标的导向下，使促销与多种市场工具实现良好交互作用的策略设计、策略评价和策略控制过程，它同时也是促销投入效益最大化的策略规划活动。

1.1.2 促销的方式

促销是企业生产管理中的一个重要环节，促销的好坏直接决定着企业在市场竞争中的成败。企业促销通常采用许多促销工具及促销方法的综合运用。促销的形式是多种多样的，以下列举常见的几种方法。

1. 积点促销

这种方式种类繁多，最终目标都是以再次购买某种商品或者再度光顾某店为主。通常具有两种方式：第一种是消费者必须收集积分点券、标签或购物凭证等证明，证明达到一定数量时，可兑换赠品。第二种是消费者必须重复多次购买某种商品或光顾某家零售店数次之后，才得到收集成组的赠品。

另外，并非所有商品都适合此种促销方式。例如，非经常性购买的商品就不适合，因为价格不是消费者最关心的。例如，航空公司对于经常乘坐飞机的旅客采取"积分换里程"活动。"积分换里程"活动是乘客以个人名义搭乘同一家航空公司的飞机，在一定时间内所累积的飞行里程数达到某一标准，便可获得航空公司的赠礼，如客舱升等级、租车及旅馆优惠、优先订位及补位服务等，甚至还有本航空公司的免费机票。这种促销的好处是，除了能够吸引更多的新乘客外，最重要的是维系了老顾客的"忠诚度"，使他不会换乘其他航空公司的飞机，以避免丧失累积的里程数。

2. 抽奖活动

抽奖活动的形式主要有回寄式抽奖、即开即中抽奖和连环抽奖三种。回寄式抽奖需要较长的周期，还需要消费者花时间邮寄，实施的效果较差。即开即中抽奖是消费者在购物当时立即获得回赠，这符合消费者的心理，即时可以获知结果，简单方便。连环抽奖则是依靠提高中奖概率来吸引消费者的广泛参与，并在一定程度上可以提高消费者的购买频率。

抽奖的关键是奖品的设置，目前国家规定最高奖金不得超过人民币 5000 元，需要在奖品的形式上突出创意，突破有形物质的限制，赋予奖品更深的内涵。

3. 价格折扣

价格折扣是吸引消费者购买产品的重要手段，以价格折扣来提高销量是具有一定市场基础的品牌常用的销售战术，这是因为消费者对于有一定认知的品牌更具购买的冲动。折价手段对短期销量提升的确有所帮助，但运用时更应注意品牌形象的维护。

事实上，价格折扣的另一种常见方式是附加赠送。当消费者购买一定数量或金额的商品后，按比例附加赠送同类商品，以此刺激消费者增加购买数量，这种促销尽管在实质上也是一种商家让利的手段，但因未对促销产品的价格做直接的折扣，因此不会对产品本身的价值感造成伤害。此类促销较适用于小包装、消费快而且有一定品牌基础的产品。如某婴儿沐浴露加送 100 毫升活动，其包装与平时的相似，只是容量更大了，包装正面很清楚地标明"加送 100 毫升"。由于该品牌的知名度比较高，加送 100 毫升馈赠老顾客，促销效果可能更为有效。

4. 赠送礼品

赠送礼品促销指消费者在购买产品的同时得到一份非本产品的赠送，以吸引消费者"尝鲜"或大量购买。它的基本特点是消费者在购物时立即获得回馈，赠品种非产品本身，而是其他礼品，这是与折价促销中买送方式的最本质的区别。

赠送礼品常见以下几种操作方法。包装内赠品附送：赠品通常体积较小、价位较低，如膨化食品包内所附的小玩具，深受小朋友的喜爱，孩子们会一买再买，希望集成一套。包装上赠品附送：将所送礼品附在产品上或产品包装上，而非置于包装内部，如用胶带将赠品抽纸与饮料商品捆扎在一起。包装外赠品附送：由于赠品体积过大或企业为了减少捆扎的工作量等原因，无法将赠品与产品附连在一起时，赠品常被放在零售店内，由销售人员交给消费者，如圣诞节前购买蛋糕赠送圣诞礼花。

5. 免费试用

免费试用是通过将产品（或试用装）免费赠送给消费者，供其试用或品尝的一种促销方法。由于这种方法无须消费者付出任何代价，是诱使消费者尝试，进而产生购买行为的有效方法。

新产品进入市场首先要解决的问题就是打消消费者的顾虑，而最有效的方法就是让他们直接接触产品，通过试用使消费者对该产品产生直接的感性认识，进而对产品或企业产生好感和信任，使其转化为产品的潜在消费者。

免费试用对产品品质的要求很高，因为产品一开始就同消费者接触，如果没有优异的品质和独特之处，只会对品牌造成损害，高品质一旦被消费者认可，就能迅速打开市场。样品派送的管理难度较大，较难保证免费赠品完全送达消费者手中，作为活动的组织者，很难对分散性很大的派送活动结果一一加以证实，这使活动的成本与效果无法估量。并非所有的商品都适用免费试用方式。免费试用适用于消费频率较高、消费周期短的消费品，如零食、护肤品、洗发水等。

6. 有奖竞赛

有奖竞赛是企业通过设计一些与企业、产品有关的问题，鼓励消费者积极参与的一种促销方式。如向消费者征集产品某次主题活动的广告语、征集企业的宣传歌曲、竞猜企业标志含义等，然后评出优胜者，并给予奖励。

有奖竞赛能帮助建立或强化品牌形象，同时可以建立品牌知名度和忠诚度。如消费者在竞猜企业标志的含义竞赛或为企业设计产品宣传语时，也就把产品与品牌深深地记在心里。

由于竞赛活动需要一定的智力与知识才能参加，而且需要付出一定的精力和时间，因此活动参与的人数会受到限制，有奖竞赛活动的参加率往往比较低，如果竞赛题复杂枯燥，难以引起人们的关注。主题设计缺少创意，同样很难引起消费者的兴趣。

1.2 促销策划基本程序

为了成功地把企业及产品的有关信息传递给目标受众，企业需要有步骤、分阶段地进行促销活动。

1.2.1 确定目标受众

企业在促销开始时就要明确目标受众是谁，是潜在购买者还是正在使用者，是老人还是儿童，是男性还是女性，是高收入者还是低收入者。确定目标受众是促销的基础，它决定了企业传播信息的内容、信息结构和形式、信息发布时间、传播媒体和信息来源。

1.2.2 确定沟通目标

确定沟通目标就是确定沟通所希望得到的反应。沟通者应明确目标受众处于购买过程的哪个阶段，并将促使消费者进入下一个阶段作为沟通的目标。

消费者的购买过程一般包括 6 个阶段。

知晓。当目标受众还不了解产品时，促销的首要任务是引起受众注意并使其知晓。这时沟通的简单方法是反复重复企业或产品的名称。

认识。当目标受众对企业和产品已经知晓但所知不多时，企业应将建立目标受众对企业或产品的清晰认识作为沟通目标。

喜欢。当目标受众对企业或产品的印象不深刻或印象不佳时，促销应着重宣传企业或产品的特色和优势，使其产生好感。

偏好。当目标受众已喜欢企业或产品，但没有特殊的偏好时，促销的目标是建立受众对本企业或产品的偏好，这是形成顾客忠诚的前提。这需要特别宣传企业或产品较其他同类企业或产品的优越性。

确信。当目标受众对企业或产品已经形成偏好，但还没有发展到购买它的信念，这时促销的目标就是促使他们作出或强化购买决策，并确信这种决策是最佳决策。

购买。当目标受众已决定购买但还没有立即购买时，促销的目标是促进购买行为的实现。

1.2.3 设计促销信息

设计促销信息需要解决四个问题：信息内容、信息结构、信息形式和信息来源。

信息内容。信息内容是信息所要表达的主题，也被称为诉求。其目的是促使受众作出有利于企业的良好反应。一般有三种诉求方式。一是理性诉求。针对受众的兴趣指出产品能够产生的功能效用及给购买者带来的利益。如智能家居宣传智能的效果，静音空调宣传制冷和静音效果好，超大容量冰箱突出容量大等。一般购买者对工业品理性诉求的反应最为敏感，消费者特别在购买高价物品时也容易对质量、价格、性能等的诉求作出反应。二是情感诉求。通过使受众产生正面或反面的情感，激励其购买行为。如使用幸福、幽默、欢乐等促进购买和消费，也可使用羞耻、恐惧等促使人们去做应该做的事，如使用某牙膏、参加健康体检等，或停止做不该做的事，如酗酒、公共场所吸烟等。三是道德诉求。这种诉求方式多用于企业形象宣传中。诉求于人们心目中的道德规范，促使人们分清是非，抑恶扬善，如保护生态环境、帮助孤寡老人、遵守社会良俗等。

信息结构。信息结构是信息的逻辑安排，有三个方面内容：一是是否作出结论，是提出明确结论还是由受众自己作出结论；二是单面论证还是双面论证，是只宣传商品的优点还是既说优点也说不足；三是表达顺序，即沟通信息中把重要的论点放在开头还是结尾。

信息形式。信息形式的选择对信息的传播效果具有至关重要的作用。如在平面广告中，传播者必须决定标题、文案、插图和色彩，以及信息的版面位置；通过广播媒体传达的信息，传播者要充分考虑音质、音色和语调；通过电视媒体传达的信息，传播者除要考虑广播媒体的因素外，还必须考虑仪表、服装、手势、发型等因素；如果通过产品及包装传达信息，就要特别要注意包装的质地、气味、色彩和大小等。

信息来源。由谁来传播信息对信息的传播效果具有重要影响。如果信息传播者本身是接受者信赖甚至崇拜的对象，受众就容易对信息产生注意和信赖。如婴儿奶粉公司请有影响力的母亲推荐，牙膏公司请牙科医生推荐，健身产品请健身教练推荐等，都是比较好的选择。

1.2.4 选择信息沟通渠道

人员沟通渠道。人员沟通渠道指涉及两个或更多的人的相互间的直接沟通。人员沟通可以是当面交流，也可以通过电话、信件甚至网络即时聊天工具等方式进行。这是一种双向沟通，能立即得到对方的反馈，并能够对沟通对象进行情感渗透，因此效率较高。在产品昂贵、风险较高或不常购买及产品具有显著的社会地位标志时，人员的影响尤为重要。

人员沟通渠道可进一步分为倡导者渠道、专家渠道和社会渠道。倡导者渠道由企业的销售人员在目标市场上寻找顾客；专家渠道通过有一定专业知识和技能的人员的意见和行为影响目标顾客；社会渠道通过邻居、同事、朋友等影响目标顾客，从而形成一种口碑。在广告竞争日益激烈、广告的促销效果呈下降趋势的情况下，口碑营销成为企业越来越重视的一种促销方式。

非人员沟通渠道。非人员沟通渠道指不经人员接触和交流而进行的一种信息沟通方式，是一种单向沟通方式，包括大众传播媒体、气氛和事件等。大众传播媒体面对广大的受众，传播范围广；气氛指设计良好的环境因素制造氛围，如商品陈列、POP 广告、营业场所的布置等，促使消费者产生购买欲望并导致购买行动；事件指为了吸引受众注意而制造或利用的具有一定新闻价值的活动，如新闻发布会、展销会等。

1.2.5　制定促销预算

素养链接：增加法律意识，遵守职业道德

策划者应具有遵守和自觉执行法律的思想观念，提高对法的本质和作用的认识，以及对现行法律的理解，学法、懂法、守法、护法。

促销预算是企业面临的最难作的营销决策之一。行业之间、企业之间的促销预算差别相当大。在化妆品行业，促销费用可能达到销售额的 20% ~ 30%，甚至 30% ~ 50%，而在机械制造行业中仅为 10% ~ 20%。

企业制定促销预算的方法有许多，常用的主要有以下几种。

量力支出法。这是一种量力而行的预算方法，即企业以本身的支付能力为基础确定促销活动的费用。这种方法简单易行，但忽略了促销与销售量的因果关系，企业每年财力不一，导致促销预算经常波动。

销售额百分比法。依照销售额的一定百分比制定促销预算。如企业今年实现销售额 200 万元，将今年销售额的 10% 作为明年的促销费用，则明年的促销费用就为 20 万元。

竞争对等法。主要根据竞争者的促销费用来确定企业自身的促销预算。

目标任务法。企业首先确定促销目标，然后确定达到目标所要完成的任务，最后估算完成这些任务所需的费用，这种预算方法即目标任务法。

1.2.6　确定促销组合

促销的具体方式包括人员推销、广告、公共关系和营业推广四种，企业把这四种促销形式有机结合起来，综合运用，形成一种组合策略或技巧，即促销组合。

企业在确定了促销总费用后，面临的重要问题是如何将促销费用合理地分配于四种促销方式。四种方式各有优势和不足，既可以相互替代，也可以相互促进、相互补充。这使企业的促销活动更具有生动性和艺术性，当然也增加了企业设计营销组合的难度。企业在四种方式的选择上各有侧重。同是消费品企业，可口可乐公司主要依靠广告促销，而安利公司则主要通过人员推销。因此，设计促销组合，必须了解各种促销方式的特点，考虑影响促销组合的多方面因素。

1. 影响促销方式的因素

广告。广告的传播面广，形象生动，比较节省资源，但只能对一般消费者进行促销，针对性不足。广告难以立即促成交易。

人员推销。人员推销能直接和目标对象沟通信息，建立感情，及时反馈，并可当面促成交易，但占用人员多，费用高，接触面比较窄。

公共关系。公共关系的影响面广，信任度高，对提高企业的知名度和美誉度具有重要作用。但公共关系花费资源较多，效果难以控制。

营业推广。营业推广的吸引力大，容易激发消费者的购买欲望，并能促成立即购买，但营业推广的接触面窄，效果短暂，不利于树立品牌。

2. 影响促销组合的因素

产品的类型。按照促销效果由高到低的顺序，消费品企业的促销方式为广告、营业推广、人员推销和公共关系；产业用品则为人员推销、营业推广、广告和公共关系。

促销总策略。企业的促销总策略有推动策略和拉引策略之分。推动策略是企业把商品由生产者"推"到批发商，批发商再"推"到零售商，零售商再"推"到消费者。显然，企业采取推动策略，人员推销的作用最大。拉引策略是以最终消费者为主要促销对象。企业首先设法引起购买者对产品的需求和兴趣，购买者对中间商产生购买需求，中间商受利润驱动向厂商进货。可见，企业采用拉引策略，广告是最重要的促销手段。

购买者所处的阶段。前面讲到，顾客的购买过程一般分 6 个阶段，即知晓、认识、喜欢、偏好、确信和购买。在知晓阶段，广告和公共关系的作用较大；在认识和喜欢阶段，广告作用较大，其次是人员推销和公共关系；在偏好和确信阶段，人员推销和公共关系的作用较大，广告次之；在购买阶段，人员推销和营业推广的作用最大，广告和公共关系的作用相对较小。

产品所处的生命周期阶段。产品所处的生命周期阶段不同，促销的重点不同，采用的促销方式也就不同。一般来说，当产品处于投放期，促销的主要目标是提高产品的知名度，因此广告和公共关系的效果最好，营业推广也可鼓励顾客试用。在成长期，促销的任务是增进受众对产品的认识和好感，广告和公共关系需加强，营业推广可相对减少；到成熟期，企业可适度削减广告，应增加营业推广，以巩固消费者对产品的忠诚度；到衰退期，企业的促销任务是使一些老用户继续信任本企业的产品，因此，促销应以营业推广为主，辅以公共关系和人员推销。

促销费用。四种促销方式的费用各不相同。总的来说，广告宣传的费用较高，人员推销次之，营业推广花费较少，公共关系的费用最少。企业在选择促销方式时，要根据综合考虑促销目标、各种促销方式的适应性和企业的资金状况进行合理选择，符合经济效益原则。

1.3 促销策划中需要注意的问题

要使促销活动有效，掌握必要的策略及法则是十分必要的。好的方案可以促进销售，差的方案反而会使销售量下滑。因此，制订促销方案一定要考虑以下几个问题。

1.3.1 促销目标要明确

企业的促销目标是要对市场现状及活动目的进行详细阐述。主要考虑的问题包括：市场现状如何？开展这次活动的目的是什么？是处理库存、提升销量、打击竞争对手、新品上市，还是提升品牌认知度及美誉度？不同的促销目标运用的工具、主题的创意、使用的媒体是不同的。只有目的明确，才能使活动有的放矢。如针对我国进入老龄化社会，退休老人空余时间多，可支配的收入也多，可以开发"夕阳红精品民宿卡"，重点针对企事业单位退休人员等进行宣传，吸引刚刚退休的老年人组团购买"夕阳红精品民宿卡"，一起结伴去郊区旅游。

1.3.2 促销刺激程度多样化

确定促销活动的具体方式时，要重点考虑以下两方面。

确定伙伴。企业是单独行动还是同经销商联手，或是与其他企业联合促销是需要重点考虑的。同政府或媒体合作，有助于借势和造势；同经销商或其他企业联合，可以整合资源，降低费用及风险。联合促销指通过将两个不同品牌捆绑在一起，联合进行促销的方式。联合促销一般分为两种形式：一种是企业内部自己两个不同品牌的联合促销；另一种是不同企业、不同品牌之间的联合促销。例如，在超市购买某品牌的香油时，顾客会发现只要比平时多付一点钱，可以获得另一个品牌的糖。又如，顾客在家电卖场购买某品牌冰箱的同时购买另一个品牌的空调，可以获得大力度的优惠或者赠品。

确定刺激程度。要使促销取得成功，必须使活动具有刺激性，能刺激目标对象参与。刺激程度越高，促进销售的反应越大。例如，在电商平台举办的促销活动中，参加活动商铺的所有商品三天内都有"满199元减20元"优惠，对于频率高的必需品等，促进销售的效果会比较明显。

1.3.3　促销对象要清楚

企业界定向谁开展促销活动，是本品牌原有顾客还是其他品牌顾客，是游离群顾客还是潜在大众顾客，是购买者、使用者，还是决策者；是经销商、零售店，还是消费者？到底希望谁采取行动？希望谁参与、关注及评论？不同的促销对象有不同的购买动机，必须加以区分，分别采取不同的策略，做到有的放矢。例如，有些网上店铺针对经济活跃的江浙沪地区顾客开展包邮活动。

1.3.4　促销内容要新颖

素养链接：创新精神，策划新颖

创新精神指要具有能够综合运用已有的知识、信息、技能和方法，提出新方法、新观点的思维能力和进行发明创造、改革、革新的意志、信心、勇气和智慧。创新精神是一个国家和民族发展的不竭动力，也是一个现代人应该具备的素质。激发创新精神，力求设计策划内容新颖活泼。

设计促销内容，主要包括确定活动主题和包装活动主题。要做到促销活动丰富多彩，促销内容新颖活泼，必须注意以下几点。

活动主题要鲜明突出。主题是促销活动的灵魂和旗帜，只有主题突出、形式新颖活泼，才能从众多的促销活动中脱颖而出，让顾客感到参与促销活动是有趣的、有意义的，从而激发消费热情。主题要与品牌形象及个性相符，能提升与巩固品牌形象，并赋予品牌深刻的文化内涵，达到长期积累品牌价值的目的。在确定促销主题时，最好能用一句话表达。

包装活动主题艺术化。在确定了主题之后要尽可能将它艺术化，淡化促销的商业目的，使活动更接近消费者，更能打动消费者。这一部分是促销活动方案的核心，应该力求创新，使活动具有震撼力和排他性。

促销活动的时间和地点选择得当会事半功倍，选择不当则会费力不讨好。在时间上尽量考虑消费者的空闲时间，在地点上也要让消费者方便到达，而且要事前与城管、工商等部门沟通好。另外，促销活动持续多长时间也要进行分析。时间过短，会导致在这一时间内无法实现重复性购买，很多应获得的利益不能实现；时间过长，又会导致费用过高，而且如果市场热度不够，会降低产品在顾客心目中的地位。同时，选择促销的时机很重要，时机会影响促销的效果。有些促销活动必须在旺季开展，有些促销活动必须在淡季开展。企业还要充分考虑竞争对手的举动。有时避开对手促销的时期，会有更好的效果；有时则应利用对手促销活动带来的机会，促进自己产品的销售。

1.3.5　促销效果要考评

为了保证促销有始有终，"好钢用在刀刃上"，一定要对促销效果进行考评。一来可以督促经销商认真执行促销方案，二来可以从中总结经验教训。促销考评结果要存档备案。在活动之前要预测本次活动会达到什么样的效果，以利于活动结束后与实际情况进行比较，从刺激程度、促销时机、促销媒介等各方面总结成功点和失败点。

1.3.6　促销费用预算要合理

没有利益，就没有存在的意义。合理促销预算的衡量标准是优惠是否具有足够的吸引力；是否有足够的促销宣传费用确保促销信息有效传达；是否有足够的费用让相关部门有力量配合促销。不能单纯地把促销看成一种短期的商业行为，它具有长期的宣传价值，在费用预算上过于计较利益得失，将难以达到预期效果。

1.3.7　促销活动的管理

促销活动在正常营销工作中占有很重要的位置，无论是企业统一组织、统一实施，还是分区组织、分工实施，从提交方案、审批、实施到考评都遵循一定的程序，从而确保促销活动的顺利进行。

1.4　撰写促销策划方案

1.4.1　促销策划方案的格式及要点

促销的每一个步骤、要点都可以通过完整的促销策划方案呈现出来，同时任何促销活动的成功实施，都离不开一套有效、可行的方案。如何撰写促销策划方案？一份完善的促销策划方案包括封面、摘要和关键词、目录、正文、结语、参考文献、附录等。

正文部分的撰写要点如下。

（1）促销目标：主要阐述市场现状及活动目的，包括市场现状，开展这次活动的目的（如处理库存、提升销量、打击竞争对手、新品上市、提升品牌认知度及美誉度等）。只有目的明确，才能使活动有的放矢。

（2）促销对象：阐述本次促销针对的目标市场是个人还是某一特定群体，活动的范围，促销的主要目标与次要目标群体，这些选择的正确与否会直接影响促销的最终效果。

（3）促销主题：这一部分主要解决以下两个问题。

确定活动主题：确定促销活动主题时，要考虑具体的主题、选择的促销工具以及活动目标、竞争条件和环境、促销的费用预算和安排。

包装活动主题：要尽可能艺术化主题，力求创新，使活动具有震憾力和排他性。

（4）促销方式：这一部分主要阐述活动开展的具体方式。

确定伙伴：选择与其他厂家联合促销，互惠互利；同经销商或其他厂家联合可整合资源，降低费用及风险；同政府或媒体合作，有助于借势和造势。

确定刺激程度：要使促销取得成功，必须使活动具有刺激力，能刺激目标对象参加。刺激程度越高，促进销售的反应越大。但这种刺激也存在边际效应。因此必须依据促销实践进行分析和总结，并结合客观市场环境确定适当的刺激程度和相应的费用投入。

（5）促销时间和地点。

（6）广告配合方式：广告创意、表现手法以及媒体的选择都意味着不同的受众抵达率和费用投入。

（7）前期准备：前期预备分三块，人员支配、物资预备和试验方案。

（8）中期操作：中期操作主要是活动纪律和现场掌握。

现在实施方案的过程中，应准时对促销范围、强度、额度和重点进行调整，保持对促销方案的掌控。

（9）后期延续：后期延续主要是这次活动将以何种方式、在哪些媒体进行宣传。

（10）费用预算：对促销活动的费用投入和产出应作出预算，一个好的促销活动，仅靠一个好的点子是不够的，还需要做好费用的投入与产出预算。

（11）意外防范：每次活动都有可能出现一些意外。例如，政府部门的干预、消费者的投诉，甚至天气突变导致户外的促销活动无法继续进行等。必须对各个可能出现的意外事件作必要的人力、物力、财力方面的准备。

（12）效果预估：预估这次活动会到达什么样的效果，以利于活动结束后与实际状况进行比较，从刺激程度、促销时机、促销媒介等各方面总结成功点和失败点。

1.4.2 撰写促销策划方案的注意事项

以上几个部分是撰写促销策划方案正文的一个框架，可以根据不同的促销实际情况进行增减，在实际操作中，应大胆想象，进行分析比较和优化组合，以实现最大效益。一份有说服力和操作性强的促销策划方案，才能确保促销活动顺利进行并达到促销的目的。具体操作可参考格式范例。

参考格式：促销策划方案

一、绪论

说明企业的概况、促销的目的、促销时间等策划背景内容。

二、正文

（1）促销目标；（2）促销对象；（3）促销主题；（4）促销方式；（5）促销时间和地点；（6）广告配合方式；（7）前期准备；（8）中期操作；（9）后期延续；（10）费用预算；（11）意外防范；（12）效果预估。

三、参考文献

按照规范，列出参考文献。

四、附录

附上一些必要的文件，如调查原始问卷、现场资料与图片、企业经营组织情况、营销组合策略、营销计划等。

1.5　任务考核

1.5.1　任务分解

（1）收集几个同类企业服务项目的促销策划方案。

（2）完成创业促销策划方案的撰写。

（3）制作促销策划路演 PPT，并进行路演。

1.5.2　考核要点

（1）比较同类企业服务项目的促销策划方案，进行学习研究。

（2）撰写促销策划方案要综合考虑拟策划的企业服务项目的特点、市场环境、竞争对手的相关策略等因素。

（3）促销策划方案的结构、文字、排版规范，封面、摘要和关键词、目录、正文、结语、参考文献、附录的构架要完整。

（4）路演 PPT 文档应有概括性、逻辑性，美观大方，演讲时间控制在 10 分钟以内。

（5）分工演示，有人操作、有人演讲。演讲者应自信、大胆，演说流畅。用计算机计时，控制演示时间。

（6）撰写任务报告。

1.5.3 总结评价

汇报完成后需完成自评与小组互评。打分结果上报任课教师。

（1）自评。每个小组进行自评，并阐述小组做得好的地方和不足之处。

（2）小组互评。每个小组负责给其他小组打分。小组考核评分计入表 3-1 中。

表 3-1 小组考核评分表

考评班级		考评时间	
考评小组		被考评小组	
考评内容			
考评标准	内容	分值	实际得分
	工作分工	2	
	工作演示	4	
	工作成果	4	
合计		10	

（3）教师反馈结果并点评。教师汇总每个小组评分，计算并公布每个小组的平均得分，得分最高小组给予奖励，并对每个小组的汇报进行点评。

（4）总结评价。按计划完成工作任务后，各小组上传任务成果，填写工作任务单（见表 3-2），完成评价。

表 3-2 任务单

项目名称			
姓名		班级	
任务分解	考核要点	任务成果及完成情况	
收集相关方案	比较同类企业服务项目的策划方案，学习研究		
策划方案	撰写方案要综合考虑拟策划的企业服务项目的特点、市场环境、竞争对手的相关策略等因素。结构、文字、排版规范，封面、摘要和关键词、目录、正文、结语、参考文献、附录的构架要完整		

续表

路演 PPT	PPT 文档应有概括性、逻辑性、美观大方	
路演	路演时间控制，分工演示，演讲者应自信、大胆，演说流畅。用计算机计时，控制演示时间	
总结：本人在完成时的收获、创新点和不足		
评价	小组合作：4 分	
	书面表达：3 分	
	语言表达：3 分	
	总分： 10 分	

二、任务 2：实战强化企业促销策划

2.1 任务分解

（1）阅读下文范例 3-1 与范例 3-2，在范例中画出重点词汇与语句。

（2）思维导图海报绘制。两个促销策划方案范例二选一，根据范例，将促销策划方案的主要内容与主要格式绘制成思维导图，并加以解释。

（3）收集几个同类企业服务项目的促销策划方案并加以学习分析。

（4）总结归纳出某一相同主题促销策划的特点、优点与不足。

（5）总结评价，完成任务后做自我评价，同学、师生互相交流后做同学互评、教师评价，并填写任务单（见表 3-3）。

表 3-3 任务单

项目名称				
姓名			班级	
任务分解	考核要点		任务成果及完成情况	
相关方案主题	比较同类企业服务项目的策划方案，学习研究			
策划方案	总结归纳出某一相同主题促销策划的特点、优点与不足			

	本人在完成时的收获、创新点和不足	
评价	个人评价：3 分	
	同学互评：4 分	
	教师评价：3 分	
	总分： 10 分	

2.2 任务要点

（1）比较同类企业服务项目的促销策划方案，进行学习研究。

（2）绘制范例促销策划方案思维导图要综合考虑策划方案的结构、文字、排版规范，注意策划方案的构架及内容。

（3）收集促销策划方案，找到促销策划方案的共性特点，总结促销策划方案的相关策略。

范例 3-1 榕静服饰促销策划方案

本次榕静服饰促销活动采用四种方式，以打击竞争对手、提升销量为主要目的。选择在三八妇女节促销，利用节日促销不仅可以很好地宣传企业文化，还能吸引很多新顾客，达到促进销售的目的。

一、营销目标

宣传企业文化，提升销量，提高品牌知名度。

二、促销策略的具体内容

1. 活动对象：18～30 岁的女性

2. 活动方式

折扣：本次活动属于春季服装促销，折扣不应该太低，可定为打 8 折或者满"1000 元送 400 元"。榕静服饰定位在中档，大幅度的降价会降低品牌在顾客心中的地位。

赠送小礼品：这种促销方式需要与一些厂家合作，如生产丝巾等小饰品的生产厂家。本次促销采用满 500 元赠送 1 个礼品、满 800 元送 2 个的方式，以 300 元为尺度，依次类推。

抽奖活动：为充分调动顾客的购买欲望，设置抽奖活动。抽奖门槛的设置很重要，购买金额达 800 元的顾客可抽奖，奖金可设为每个抽奖箱里 1000 元 2 个、500 元 3 个、100 元 10 个、50 元若干，单个奖项金额不必太高，但奖项数量可以设置多一点，以便吸引更多的顾客，增加销量。

3. 活动时间和地点

时间：本次促销时间不用过长，时间过长会使费用过高，而且无法形成市场热度，并降低品牌在顾客心目中的地位。折扣时间和满一定金额赠送小礼品的活动安排在三八妇女节前2个星期。抽奖时间：三八妇女节当天。

地点：折扣和赠送小礼品在全市的每个榕静服饰专柜；三八妇女节的抽奖活动只在主要商圈的每个榕静服饰专柜。

4. 广告配合方式

报纸：选择商报、晚报、新女报三种报纸进行宣传；在商场摆放易拉宝、张贴海报进行宣传；电视广告宣传，可选择在公交车上反复播出；发放传单。

5. 前期准备：丝巾等饰品，奖票、抽奖箱，宣传海报等。

人员安排：礼品生产厂家的确定以及礼品的设计由榕静服饰市场策划部负责，大约需要4个人。每个柜台设置一个抽奖箱，由每个柜台的营业员负责，奖金的发放可由销售部监督执行。

6. 中期操作

物资准备：小礼品，本次礼品均印有榕静服饰的标志。

折扣：营业员应熟知每件商品在规定折扣下的价格。

每个柜台的礼品数量应该有规定、有记载。

抽奖的奖金数额应该由当日监督的人员严格管理。

7. 后期延续：需关注媒体如何报道此次促销活动的报道，这对榕静服饰以后的销量以及品牌知名度至关重要。可集中选择媒体对此次活动的追踪报道，特别是涉及消费者对此次促销的反馈意见。

三、实施的预算

1. 榕静服饰在本市大约有40个专柜，如果每个专柜设置奖金6000元，那本次促销奖金总计240000元。

2. 礼品的费用预计20000元。

3. 抽奖活动需要制作抽奖箱和奖票，预计1000元。

本次促销活动费用总计为261000元。

四、意外防范

顾客参与率不高时，工作人员要做好对顾客的调动工作，以及留存礼品的再利用预案。

五、预算效果

本次促销活动将使榕静服饰的销量大幅度提升，在巩固老顾客的同时，吸引更多的新顾客，借助媒体报道树立品牌知名度，宣传企业文化。

六、参考文献

按照著录规范，列出参考文献。（略）

七、附录

一些必要的文件，如企业经营组织情况、营销组合策略、营销计划等资料。（略）

范例 3-2　Q 商场开业促销活动策划方案

一、活动背景

Q 商场由一家乡镇企业壮大为一个在一线城市拥有多家连锁企业的大型零售企业，现在是全国零售企业的龙头老大。

1997 年第一家 Q 商场在广州成立，之后迅速在全国各地开店营业，获得了消费者的一致好评。Q 商场入驻重庆的第一家分店即将开业，其具体活动安排如下。

二、活动目的

1. 基本目标：为庆祝开业及新春佳节，以低价让利的产品和优质的服务来赢得顾客，扩大商场知名度，树立良好的企业形象。

2. 营销目标：通过各项活动提高顾客的参与度，拉动销售，增加商场效益，并通过娱乐营销的方式增加企业利润。

3. 长期目标：提高 Q 商场销售额在重庆的市场占有率，最终实现经济效益和社会效益的统一。

三、目前营销状况

1. 市场状况：Q 商场位于重庆繁华商业区，周围有 A 商场、B 商场等大型零售企业竞争者及其他潜在竞争者。

2. 产品状况：产品大多数以大众化消费品为主，商品种类齐全。

3. 宏观环境状况：消费群体大多数为流动人口，商圈客流量大，消费者的现实需求和潜在需求都很大。

四、Q 商场现状分析

优势：Q 商场是全国性大品牌，具有规模效应和很强的市场竞争力；Q 商场不断进行技术更新，强势打造供应链管理，具有高度规范化经营理念和科学化营销策略；具有特色、健全的培训体系。

劣势：运营成本高、规模大，在异地发展面临诸多问题，管理上面临较大挑战。

机会：零售业目前的发展形势好、市场前景好，企业拥有科学的管理体系和敏锐的市场把握能力，有利于抓住机遇，引领购物新高潮。

威胁：现实的和潜在竞争市场都存在较多的风险因素。

五、Q 商场促销策略

综合运用促销策略以取得最佳的经济效益，保持本土化经营，迅速占领当地市场，短时间内使商场达到盈利状态。

1. 适当折扣

（1）实施时间：开业当月的每个周末。

（2）以成本为基础，以同类产品价格为参考，以"天天低价"的口号推出物美价廉的商品，给予适当折扣，鼓励多购。

（3）实施会员制促销：消费者成为会员后可享受会员日免费领咖啡、每次消费达到1000元免费领停车券等多种专属优惠服务。

2. 投放广告

（1）实施时间：开业前一个月与开业后一个星期。

（2）选择车体广告、站牌灯箱广告和精准人群大数据推送等媒介，宣传Q商场在重庆开业，发布物美价廉的产品以及优美的购物环境等信息，引起顾客的购买欲望，增加销量。

（3）开业期间可投入较多广告预算，开业热潮过后应立即削减广告量，尽量减少不必要的广告开支，同时保持商品的低价。

（4）注重卖点的广告（pop广告）宣传。

3. 人员推广

（1）建立和维持企业与消费者之间的正常商业关系。

（2）企业与供应商建立良好的协作关系，保证商场正常运转。

（3）走向社区，组织社区居民活动，利用图文实物及文体活动等向附近居民宣传环境保护、企业文化等，维系良好的社区关系。

（4）邀请当地政府工作人员参观考察企业的供应商、出席企业的公益活动等，维系与当地政府部门的关系。

六、策划方案各项费用预算

折扣费用预算	投放广告费用	关系维护	总计
26800元	36000元	12000元	74800元

七、分析预测

通过一系列的促销活动，可以使开业当月达到收支平衡，3个月内实现盈利。

三、任务3：企业促销策划课外拓展

3.1 子任务1：企业产品促销模拟实训

掌握企业如何满足客户需求，不同的产品如何定价，通过哪些渠道、哪些促销方式的组合来实现最佳的营销策略。

实训人员：学生按6~8人分成若干组，每组选一名组长

实训时间：5~7天

实训道具：记录本、必要的交通工具

实训场地：校外企业

实训内容：

（1）由教师在校内组织安全教育。

（2）与实训企业相关部门取得联系，并组织学生集体去该企业参观实习。

（3）邀请实训企业业务部主管介绍本部门服务观念。

（4）不同组别的学生分别承接一个产品进行销售。

（5）分组查看企业满足客户需求的计划、实施方法、策略和结果，做好记录，销售产品。

（6）统计出销售业绩最佳的小组。

（7）对实训进行小结、评价，完成活页工单（见表3-4）。

表3-4 活页工单

班级		小组名称		组长	
组成员					
活动主题					
训练过程					
收获与总结					
评价					

3.2 子任务2：参加促销策划大赛

素养链接：技能大赛，技能强国

全国高校市场营销大赛的大赛宗旨是为参赛学生提供一个展示才能、彰显个性的舞台；为参赛教师提供一个经验交流、成果分享的平台；为参赛院校搭建一个校企互动、协同创新的平台。大赛将企业引入学校，将工作融入课堂，将岗位置入学习，将测评转入实效，紧扣高校实践教学过程，以发挥在校大学生专业特长、发现和培养优秀营销人才为出发点；以提升在校大学生专业技能，激发创新思维，提升营销创意能力，锻炼实战营销能力，增强就业能力，全面提高在校大学生综合素质为目的。

3.2.1　任务分解

（1）对促销策划的基础知识复习总结，完成基本知识巩固。

（2）在大学生促销策划大赛官网查找并阅读当年大赛资料、企业基本资料及其他新媒体的资料。

（3）学习大学生促销策划大赛评审规则，按照比赛要求完成促销策划方案。

（4）总结评价：各组采取头脑风暴法完成讨论，记录组员的发言。组长或某一组员将本组同学的发言进行归纳整理。组长对组员的表现进行简要评价，填写考核评价表（见表3-5）。

表3-5　考核评价表

班级		小组名称		组长	
组成员					
训练主题					
训练小结					
组长对组员的评价					
教师点评					

3.2.2　任务要点

（1）本任务主要培养学生观察实际问题、独立思考、团队沟通等能力。

（2）各小组在聆听其他组发表意见的过程中发现本团队之前没有认识到的问题。

（3）学生将认识到促销策划方案的灵活性。

（4）注意促销策划大赛的评审规则。

第四章　广告策划

【项目目标】

社会能力目标：

- 具有正确的服务理念、良好的职业道德；
- 具有法律意识与风险意识；
- 注重团队中的合作意识与协作精神。

操作能力目标：

- 了解广告策划的概念与特性；
- 了解广告策划的程序及编制步骤；
- 根据企业需求，利用所学知识完成广告策划。

发展能力目标：

- 掌握正确灵活的创新学习方法；
- 掌握发现问题、分析问题、解决问题的一般研究方法；
- 掌握基本的信息资料整理能力。

课件也精彩

扫一扫
更多微课小知识

【知识导航】

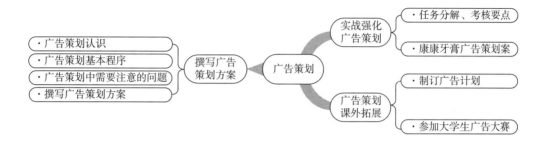

【行业榜样】

农夫山泉有点甜

　　每当提起农夫山泉，消费者脑海中首先闪现的是那句出色的广告语"农夫山泉有点甜"。这句广告语首先在农夫山泉一则有趣的电视广告中出现：一个乡村学校里，当老师在黑板上写字时，调皮的学生忍不住喝农夫山泉，推拉瓶盖发出的"砰砰"声让老师很生气，说："上课请不要发出这样的声音。"下课后老师却一边喝着农夫山泉，一边称赞道："农夫山泉有点甜。"于是"农夫山泉有点甜"的广告语广为流传，农夫山泉也借"有点甜"的优势，由名不见经传发展到现在占据饮水市场三分之一份额的大企业，声势直逼传统业界霸主乐百氏、娃哈哈。

　　为什么农夫山泉广告定位于"有点甜"，而不是像其他品牌的广告那样，诉求重点为"27层净化"呢？这就是农夫山泉广告的精髓所在。首先，农夫山泉对纯净水进行了深入分析，发现纯净水有很大的问题，问题就出在"纯净"上：它没有人体需要的微量元素，违反了人类与自然和谐的天性，与消费者的需求不符。这个弱点被农夫山泉抓个正着。作为天然水，它高举反对纯净水的大旗，通过"有点甜"向消费者透露这样的信息：农夫山泉才是天然的，是一个既无污染又含微量元素的天然水品牌。如果天然水与纯净水相比，价格相差不大，消费者自然会倾向于选择天然水。事实是农夫山泉在甜味上并没有什么优势可言，所有的纯净水、矿泉水，并没有什么味道上的差异。农夫山泉首先提出了"有点甜"的概念，在消费者心理上抢占了制高点。

一、任务1：撰写广告策划方案

作为市场部员工，仔细阅读以下信息并对重点信息进行标记，请你思考一下如何为浩京服装有限公司进入天津市场进行广告宣传，完成广告策划方案。

企业概况

浩京服装有限公司自成立以来坚持以顾客需求为根本，秉承"时尚不等于昂贵，流行不等于泛滥"的理念，平价是公司一贯的选择。公司注重长远发展，不因短期利益伤害顾客权益，全力满足顾客需求；关注并深刻理解顾客需求，以最潮流的服饰，帮助顾客实现与众不同的自我价值。公司在北京逐步建立了稳定的客户服务群，在业内有良好的口碑和知名度。公司希望立足北京，辐射京津冀，服务更多客户，为公司进一步发展打下基础。现需要为公司进入天津的第一家店做广告，让更多的天津顾客知道公司的产品和经营理念。

1.1 广告策划认识

1.1.1 广告策划的概念

美国最早实行广告策划制度，随后许多商品经济发达的国家都建立了以策划为主体、以创意为中心的广告策划管理制度。广告策划指经过细致周密的市场调研、系统分析，提出广告决策、广告计划，实施广告决策、检验广告决策的全过程。通过对广告运作的预先考虑与设想，使广告准确、独特、及时、有效地传播，以便刺激需要、诱导消费、促进销售、开拓市场，为广告主的整体经营提供良好的服务。广告策划就是对广告的整体战略和策略的预先运筹规划。

1.1.2 广告策划的特性

战略性。广告策划从广告角度对企业市场营销管理进行系统整合和策划，配合企业的整体营销，在战略层面进行运作，因此需要从大处着眼，具有原则指向性、抗衡协同性作用。

全局性。广告策划对于未来的广告计划、广告执行具有统领指导作用，这要求策划者有整体概念，尽量全面地考虑一切因素，包括常规因素和突发因素，还要具备前瞻性，这样的广告策划才不会轻易地被外界因素所干扰。

策略性。广告策划在营销活动中的战略指导思想、基本原则和方向确定了策划的灵魂和核心，同时决定了与此相匹配的可操作的战术和方法等策略，例如广告费用策略、广告媒体策略等。

动态性。广告策划要随着环境和条件的变化，富于弹性和动态变化，因此做策划时就要适应这些变化，使整个广告活动过程中都有相应的阶段性策划工作重点。让策划调节广告活动，运用广告策划指引整个广告活动全过程，包括事前谋划、事中指导、事后监测，因此是周而复始、循环调整的。

创新性。广告策划需要策划者具有新颖的创造性，创造性是广告策划的关键和保证，创造性是找出别人没有做过的事情的能力，广告策划中的创新性具体体现在广告定位、广告语言、广告表现、广告媒体等各个方面。

1.1.3 广告策划的目标

广告策划的目标是企业对广告活动进行有效决策、指导、监督，以及对广告活动效果进行评价的依据。企业要实施广告决策，首先应确定广告活动的目标。

创造品牌广告目标。企业以创造品牌为广告目标，目的在于开发新产品和开拓新市场。

保牌广告目标。企业以保牌为广告目标，目的在于巩固已有市场，并在此基础上深入开发潜在市场和刺激购买需求。它主要通过连续广告的形式，加深客户对已有商品的认识。广告诉求的重点在于保持客户对广告产品的好感、偏好和信心。

竞争广告目标。竞争广告的目的在于加强产品的宣传竞争，提高市场竞争能力。广告诉求的重点是宣传本产品的优异之处，使用户认识本产品能带来的好处，以增强用户对产品的偏好度并购买产品。

1.2 广告策划基本程序

广告策划的工作用较低的费用取得较好的促销效果，需要完整的策划程序与步骤，包括分析广告机会、确定广告目标、形成广告内容、选择广告媒体以及编制广告预算等内容。

1.2.1 分析广告时机

广告时机分析解决在什么时间针对什么人做广告等问题。为此就必须收集并做好微观和宏观分析，如消费者情况、竞争者情况、市场需求发展趋势、环境发展动态等，然后根据企业的营销目标和产品特点，找出广告的最佳切入时机，做好广告的群体定位，为开展有效的广告促销活动奠定基础。

1.2.2　确定广告目标

找准广告时机后要有明确的广告目标，才可以让后续的广告策划有的放矢，广告目标是根据促销的总体目的，依据现实需要，明确广告宣传要解决的具体问题，以指导本次整个广告促销活动。

1.2.3　形成广告内容

根据广告目标和广告媒体的信息容量确定广告的具体内容，包括产品信息、企业信息、服务信息。产品信息主要包括产品名称、技术指标、销售地点、销售价格、销售方式以及国家规定必须说明的情况等。企业信息主要包括企业名称、发展历史、企业声誉、生产经营能力以及联系方式等。服务信息主要包括产品保证、技术咨询、结款方式、零配件供应、维修网点分布以及其他服务信息。

企业在安排广告内容时应注意以下方面。真实性，即传播的信息必须真实可信，不可有夸大不实之词，更不能用虚假广告欺骗消费者。针对性，即传播的信息应该是目标消费者想了解的，做到有的放矢。生动性与新颖性，要想使广告具有吸引力、感染力，从根本上来说，取决于以上两个方面，但同时也与广告的生动性与新颖性密切相关，因此广告内容应简明易懂、易于记忆，广告形式应生动有趣、富有新意。

1.2.4　选择广告媒体

不同媒体，在广告内容承载力、覆盖面、送达率、展路频率、影响价值以及费用等方面差异巨大。正确地选择广告媒体是一项非常重要的工作。一般来说，广告媒体主要有印刷媒体、电子媒体、流动媒体、邮寄媒体、户外媒体、展示媒体等。报纸、杂志、广播、电视是常见的四大广告媒体。近年来，互联网在广告促销中的作用日益突出，已被称为第五大广告媒体。

广告媒体选择是广告决策的重要内容之一，媒体选择的科学合理与否直接影响广告费用开支与广告效果。因此，企业在选择广告媒体时，除了要认清各种媒体的特点、扬长避短外，还应考虑企业及产品的特性、目标客户的媒体习惯、媒体的传播范围及影响力，以及媒体成本等因素。

1.2.5　编制广告预算

广告预算是在一定的广告时期内，广告公司对广告活动所需经费的计划，包括从事广告活动所需经费的使用范围和使用方法。广告预算的制订会受到各方面因素的制约，如产品生命周期、竞争对手、广告媒介和发布频率，以及产品的可替代性等。准确地编制广告预算是广告策划的重要内容之一，是企业广告活动得以顺利开展的保证。目前，常用的编制广告预算的方法主要有量力而行法、销售额百分比法、目标任务法、竞争对比法等。

1.2.6　实施广告策划

这是对策划内容及广告活动措施和手段的具体落实，也是广告策划基本程序中最重要的一个步骤。一项周密的广告策划，对广告实施的每一步骤、每一层次、每一项宣传，都规定了具体的实施办法。既要考虑广告发布的时间、地点以及发布的频率，还要考虑广告推出方式、广告活动及与企业整体促销策略相配合等。其中，广告时间和广告区域的选择是最重要的，二者都与媒介发布的具体实施有着密切关系，可以说是媒介策略的具体化。

1.2.7　评估与监控广告效果

企业制定广告决策的最后一个步骤是评估与监控广告效果。它是完整的广告活动中不可缺少的重要内容。广告效果是广告信息通过媒体传播之后产生的影响。对广告效果评估一般包括以下两个方面的内容。

第一，广告传播效果，即企业产品广告对于客户知晓、认知和偏好的影响，它以用户对企业认识程度的变化情况，或用户接受广告的反应等间接促销因素为根据。一是对沟通过程进行评价，指对广告接受者的反应进行评价，通常可以采用测试评价法和试验评价法；二是对沟通结果进行评价，指使用广告后，用户能否有效地取得企业本身及物流服务的信息，并测试其对企业及服务的认识程度。一般可以采用跟踪研究法。

第二，广告销售效果，指广告推出后对销售的影响。一般来说，广告的销售效果比传播效果更难评估。因为除了广告因素外，产品的特色、价格、市场竞争等因素均影响产品销售额。影响因素越少或者越容易被控制，广告对销售效果的影响就越容易测量。邮寄广告的销售效果最容易评估，而品牌广告或企业形象广告的促销效果最难评估。广告销售效果评价常用历史比较法和实验法。

1.3　广告策划中需要注意的问题

消费者定位、公众的心理及广告的表现形式是广告策划的三个重要环节。如果对这三个环节把握恰当，就能合理准确地反映广告创意，获得很好的广告效益。

广告以创意思想为核心。创意就是前所未闻的，能充分反映并满足人们某种物质的或情感的需要的意念或构思，而创意是以广告方案为基础实施的，因此广告方案是整个广告创作的基础，这个基础的深厚与否，直接影响着广告功能的发挥及广告效力的大小。企业做广告有两个基本目的，一个是眼前的、现实的促进市场营销、实现产品向消费者出售，实现产品向货币的转换；另一个是长久的、未来的企业形象塑造，最后回到产品销售和企业发展所需的良好社会环境。企业的这些基本目的要求广告文案精确细致，周全而有效。

1.4　撰写广告策划方案

1.4.1　广告策划方案的格式及要点

广告策划的具体内容和策划创意用文字的形式表述出来，要求具有独创性。多数广告策划方案具有一些相同的要素，但是产品和客户的要求不同，策划的内容与编制格式也有所不同。一份完整的广告策划书至少应包括以下内容。

1. 前言

前言应简明扼要地说明广告活动的对象、任务和目标等，前言的目的是把广告的重点提出来，让企业最高层次的决策者和执行人员快速阅读和了解，使其对广告策划有一个初步了解，这部分内容一般比较简单明了。

2. 市场分析

市场分析部分一般包括四个方面内容：企业经营情况分析、产品分析、市场分析和消费者研究。撰写时应根据产品分析的结果，说明广告产品自身所具备的优点和特点。再根据市场分析的情况，把广告产品与市场中各种同类产品进行比较，分析竞争商品的条件，分析出消费者的选择。

3. 广告战略

广告战略是整个广告策划的重点部分，这一部分也是整个广告策划中所占篇幅最大的部分，主要包含以下内容。

第一，广告活动的目的和设想。一般应根据产品定位和市场研究结果，阐明广告策略的重点，说明用什么方法使广告产品在消费者心目中建立深刻的印象；用什么方法刺激消费者产生购买兴趣；用什么方法改变消费者使用习惯，使消费者选购和使用广告产品；用什么方法扩大广告产品的销售对象范围；用什么方法使消费者形成新的购买习惯。

第二，广告对象和广告诉求。广告对象和广告诉求主要根据产品定位和市场研究来测算，如广告对象有多少人、多少户；目标消费者的基本状况，如年龄、职业、收入状况、文化程度、家庭状况等；分析其需求特征和心理特征，说明其生活方式和消费方式等。

第三，广告地区和诉求地区。广告地区和诉求地区部分，根据市场定位和产品定位，分析企业目标市场，从而选择广告的目标市场，并说明选择的理由和地区分布。

第四，广告策略、战术。广告策略、战术部分要详细说明广告实施的具体细节，撰写者应把所涉及的媒体计划清晰、完整而又简短地设计出来，详细程度可根据媒体的复杂性而定，也可另行制定媒体书。一般至少应清楚地叙述计划使用的媒体、使用该媒体的目的、媒体策略，如果选用多种媒体，则需对各类媒体的刊播和交叉配合加以说明。

第五，广告预算及分配方案。根据广告策略的内容，详细列出媒体使用情况及所需费用、每次刊播的价格，最好能制成表格，列出调研、设计、制作等费用。例如，电视台的黄金时间收费，黄金时间收费（30秒）3600元，其他时间（30秒）3040元。黄金时间收视率一般为150万人次，非黄金时间为80万人次。那么，黄金时间的单位收费价格是平均每人0.0024元，非黄金时间的单位收费价格是0.0038元。

4. 广告效果预测

主要说明经广告主认可，按照广告计划实施广告活动预计可能达到的目标。要注意，这一目标应与前言部分提出的任务和目标相一致。

1.4.2　撰写广告策划方案的注意事项

在实际撰写广告策划方案时，上述几个部分可有增减或合并、分列，如可增加公共关系、广告脚本具体内容等部分，也可将最后部分改为结束语和结论，根据具体情况而定。

完成以上内容的撰写，设计封面，列出目录，正文部分一般主要用文字撰述，可配以图表，以更清晰、具体、形象地表现和说明广告策划的重点、要点。

策划书的编写要注意可执行性和可操作性，一项好的策划一定具有良好的可执行性。需进行周密的思考和详细的活动安排，活动的时间和方式必须考虑执行地点和执行人员的情况，在具体安排上应该尽量周全。另外，还应该考虑天气、民俗等影响，才能保证策划的可执行性和可操作性。

参考格式范例：广告策划方案

一、前言

说明广告策划过程的调查对象，简要分析拟策划项目的目的、市场环境、竞争对手的相关策略等。

二、市场分析

第一，企业经营情况分析；第二，产品分析；第三，市场分析；第四，消费者研究。

三、广告战略

第一，广告活动的目的和设想；第二，广告对象和广告诉求；第三，广告地区和诉求地区；第四，广告策略、战术；第五，广告预算及分配。

四、广告效果评价与预测

与前言策划目的相一致，进行评估。

五、附录

一些必要的文件，如企业经营组织情况、广告策划原始数据、广告策划计划等，以及广告调查时的一些照片，作为支撑材料。

1.5 任务考核

1.5.1 任务分解

（1）收集几个同类企业服务项目的广告策划方案。

（2）完成广告策划方案的撰写。

（3）制作广告策划路演 PPT，并进行路演。

1.5.2 考核要点

（1）比较同类企业服务项目的广告策划方案，进行学习研究。

（2）撰写广告策划方案要综合考虑拟策划的企业服务项目的特点、市场环境、竞争对手的相关策略等因素。

（3）广告策划方案的结构、文字、排版规范，封面、摘要和关键词、目录、正文、结语、参考文献、附录的构架要完整。

（4）路演 PPT 文档应有概括性、逻辑性，美观大方，演讲时间控制在 10 分钟以内。

（5）分工演示，有人操作、有人演讲。演讲者应自信、大胆，演说流畅。用计算机计时，控制演示时间。

（6）撰写任务报告。

1.5.3 总结评价

汇报完成后需完成自评与小组互评。打分结果上报任课教师。

（1）自评。每个小组进行自评，并阐述小组做得好的地方和不足之处。

（2）小组互评。每个小组负责给其他小组打分。小组考核评分计入表 4－1 中。

表 4－1　小组考核评分表

考评班级			考评时间	
考评小组			被考评小组	
考评内容				
考评标准		内容	分值	实际得分
		工作分工	2	
		工作演示	4	
		工作成果	4	
合计			10	

（3）教师反馈结果并点评。教师汇总每个小组评分，计算并公布每个小组的平均得分，对得分最高的小组给予奖励，并对每个小组的汇报进行点评。

（4）总结评价。按计划完成工作任务后，各小组上传任务成果，填写工作任务单（见表 4－2），完成评价。

表 4－2　工作任务单

项目名称				
姓名			班级	
任务分解	考核要点		任务成果及完成情况	
收集相关方案	比较同类企业服务项目的策划方案，学习研究			
策划方案	撰写方案要综合考虑拟策划的企业服务项目的特点、市场环境、竞争对手的相关策略等因素；结构、文字、排版规范，封面、摘要和关键词、目录、正文、结语、参考文献、附录的构架要完整			
路演 PPT	PPT 文档应有概括性、逻辑性、美观大方			
路演	路演时间控制，分工演示，演讲者应自信、大胆，演说流畅。用计算机计时，控制演示时间			
总结：本人在完成时的收获、创新点和不足				
评价	小组合作：4 分			
	书面表达：3 分			
	语言表达：3 分			
	总分：　　10 分			

二、任务 2：实战强化广告策划

2.1 任务分解

（1）阅读范例 4 - 1 文本材料，划出重点词汇与语句。

（2）思维导图海报绘制。根据范例 4 - 1，将广告策划方案的主要内容与主要格式绘制成思维导图，并加以解释。

（3）探究范例中的广告策划方案是否有广告效果，哪些地方需要改进，可以使效果更好？哪些地方值得学习？

（4）收集几个同类企业服务项目的广告策划方案并加以学习分析。

（5）收集失败的广告策划方案，找出不足，并为它草拟一份修改方案。

（6）总结评价，完成任务后做自我评价，同学、师生互相交流后做同学互评、教师评价，并填写工作任务单（见表 4 - 3）。

表 4 - 3 工作任务单

项目名称			
姓名		班级	
任务分解	考核要点	任务成果及完成情况	
案例阅读探究	比较两个案例策划方案，完成思维导图； 分析两个广告策划的效果		
收集方案探究	总结归纳出某一相同主题广告策划的特点、优点与不足； 为效果不好的广告策划方案制订修改方案		
本人在完成时的收获、创新点和不足			
评价	个人评价：3 分		
	同学互评：4 分		
	教师评价：3 分		
	总分： 10 分		

2.2 考核要点

（1）比较同类企业服务项目的广告策划方案，进行学习研究。

（2）绘制广告策划方案思维导图要综合考虑策划方案的结构、文字、排版规范，注意策划方案的构架及内容。

（3）收集广告策划方案，找到广告策划方案的共同特点，总结广告策划方案的相关策略等因素。

（4）为广告效果不好的策划方案完成修改方案。

范例 4-1　康康牙膏广告策划案

一、前言

始创于 1888 年的健康公司，是世界最大的日用消费品公司之一。2020—2021 财政年度，公司全年销售额为 434 亿美元。在《财富》杂志最新评选的全球 500 家最大工业、服务业企业中，排名第 60 位，并列最受尊敬企业第 5 位。健康公司全球雇员近 20 万人，在全球 100 多个国家设有工厂及分公司，经营的 300 多个品牌的产品畅销 160 多个国家和地区，其中包括洗发用品、护发用品、护肤用品、化妆品、婴儿护理产品、妇女卫生用品、医药、食品、饮料、织物、家居护理及个人清洁用品。

康康牙膏是健康公司推出的新产品，为配合健康公司的牙膏市场推进计划，特进行本次广告策划，旨在为康康牙膏塑造独特的市场形象。

二、市场分析

（一）牙膏中国市场品牌发展历程

2018 年，全国牙膏产量达到 28.07 亿支；2020 年产量达到 36 亿支，人均使用量提高到了 2.8 支/年。有关专家预计，2023 年中国牙膏产量将达到 45 亿支，2025 年将达到 54 亿支。

（二）现有市场竞争格局发展

1. 第一梯队优势明显：高露洁稳居榜首，佳洁士紧随其后，这两个品牌占据了市场大部分份额，是中国牙膏市场的主导品牌。国产牙膏老品牌"中华"经过联合利华重新品牌定位和包装之后，重焕光彩……

2. 二线品牌竞争激烈：冷酸灵、两面针、蓝天、黑妹等老品牌虽已风光不再，但凭借原有的品牌优势依然在市场占据一席之地，而不少国外品牌如 LG、黑人、安利也开始在中国市场大力推广，由此形成了二线品牌的激烈竞争态势。从成长指标来看，新兴全球企业品牌可谓后劲十足，发展前景良好。

（三）消费者分析

牙膏虽然是一种家庭消费品，但随着全球品牌的进入，消费群结构上开始出现差异，一些本土品牌牙膏的主要消费群体为中老年人，而年轻人则偏向于使用全球品牌的牙膏。造成以上差异的原因可能有以下两点。

1. 不同年龄段的消费习惯不同。对于中老年人来说，老品牌牙膏已经使用了十几年甚至几十年，要让其换新品牌牙膏恐怕很难。

2. 品牌价格有差距。尽管一些全球品牌在近几年产品线延伸到各消费层，但相对于国产品牌来说，价格还是较高。对于一般的消费者来说，本土品牌牙膏已经可以满足基本的清洁需求，算得上是"价廉物美"了。

（四）市场发展趋势分析

目前国内牙膏的市场竞争激烈，两面针牙膏突然降价在行业内掀起了风波，业内人士称牙膏市场"暗战"激烈，但整体价格却难以波动。

中国消费者的健康观念在不断改进，"对自己和家人的照顾从口腔开始"的广告，不断影响着人们的消费购买行为，之前产品大多强调清洁牙齿的单一功能，现在补钙、防酸、防蛀等各种新牙膏产品如雨后春笋般涌现，令人眼花缭乱。中国牙膏市场出现了品牌重新洗牌的现象。

据央视调查咨询中心对全国340多个电视台的监测数据可知，2020年1—5月牙膏电视广告总投放量为38932万元，较上年同期增长了37%。从媒体选择来看，国产牙膏集中在中央电视台投放广告，在各省级电视台广告投放相对松散。然而中华、两面针、黑妹等几个国有品牌1—5月在北京、上海地区基本没有广告投放，这与外资品牌不同。

（五）未来产品发展趋势

几年来，全球品牌的进入从根本上改变了中国牙膏市场的竞争格局，这些在中国奠定了坚固市场根基的全球品牌依然保持着旺盛的生命力，而又一批国外品牌来到中国，准备掀起新一轮的竞争。中国牙膏市场的广告竞争也将越来越激烈。

（六）产品分析

1. 康康牙膏分析

健康公司为回报广大消费者，特生产出一款液体牙膏。牙膏包装外观设计独特，牙膏口是其他产品的2倍，便于牙膏附着在牙刷上，这样的设计是为了便于消费者使用，也便于消费者养成节约的习惯。这款牙膏有水果香型、薄荷香型，能24小时提供牙齿健康防护，白天可以让使用者保持口气清新，散发自信的魅力；夜晚为使用者消灭牙齿中的病菌，维护牙齿健康。牙膏有多种克数，满足使用者不同场合的需求。

2. 竞争对手牙膏分析

（1）两面针牙膏。

薄荷香型：预防牙本质过敏、牙周炎、牙痛，120克。

水果香型：消炎、止痛，防止牙龈出血，180克。

冰凉薄荷型：清除牙垢，使牙齿洁白，全新易挤软管，120克。

天然水果香型：预防牙周炎、口腔异味，脱敏防蛀，100克。

清爽薄荷型：缓解牙本质过敏，防止牙龈出血、牙痛、口腔异味，止血，120 克。

水果香型：清新口气，缓解牙痛，180 克。

（2）中华牙膏。

长效防蛀型：防蛀，坚固牙齿，清新口气，170 克。

中草药型：预防发炎、蛀牙、口腔溃疡，清新口气，120 克。

长效防蛀型：坚固牙齿，清新口气，120 克。

金装全效型：含氟、钙、强齿素 CAGP，坚固牙齿、拒绝蛀牙，清新口气，100 克。

三、广告战略

（一）健康公司的知名度、美誉度与企业形象

健康公司一贯奉行"生产和提供世界一流产品，美化消费者的生活"的宗旨，研制出众多质量一流、深受消费者喜爱的产品。健康公司历来崇尚消费者至上的原则，为了深入了解中国消费者，健康公司在中国建立了完善的市场调研系统，开展消费者追踪并尝试与消费者建立持久的沟通关系。健康公司在中国的市场研究部建立了庞大的数据库，把消费者意见及时分析、反馈给生产部门，以生产出更适合中国消费者的产品。

（二）健康公司的市场销售现状

1. 产品质量：康康牙膏，以品质为第一位，为消费者生产放心的商品。

2. 价格定位：康康牙膏，12～28 元不等。

3. 渠道策略：康康牙膏，在全国各地的大中小超市销售。

4. 品牌定位：康康牙膏比高露洁牙膏进入中国市场晚，近几年来，康康牙膏和高露洁牙膏在中国的营销战更是达到白热化的程度。虽然同高露洁牙膏一样，康康牙膏定位高端市场，但是与高露洁主打的专业形象不同的是，康康牙膏将营销目标瞄准儿童，广告中频繁出现一张张儿童"没有蛀牙"的笑脸。通过在儿童心目中树立的良好品牌形象，影响父母选择牙膏品牌。

（三）企业营销战略

1. 营销目标

（1）短期目标：通过宣传使消费者认识产品、购买产品。

（2）长期目标：使消费者对产品拥有品牌忠诚度。

2. 市场策略

（1）产品定位：从产品出发，让消费者能做到节约。

（2）诉求对象：青少年和儿童。

（3）广告主题："康康——给你健康"。

（四）广告表现

1. 非媒介

（1）针对儿童：向儿童宣传节约，编成儿歌，歌颂节约美德；在各小学宣传节约美德，评选节约美德先锋队员（颁发证书、奖品等）；节假日，儿童可以半价购买"康康牙膏"儿童装（销售地点：各小学门口、公交车站）。

（2）针对青少年：产品推出一段时间后，可以在指定日期用旧牙膏换新牙膏；可以定期搞优惠或兑奖活动。

2. 媒介

表4-4　媒介选择

电视	全国性	CCTV-1、CCTV-5、CCTV-6、CCTV-8	电视广告预算：35万元人民币	合计：65万元人民币
	地方性	北京电视台、青岛电视台、哈尔滨电视台		
杂志与报纸	专业性	《中国经济报》《少儿导报》等	杂志广告预算：5万元人民币	
	综合性	《少男少女》《读者》《意林》《青年文摘》等	报纸广告预算：10万元人民币	
户外广告		各个目标市场的路牌、灯箱和车身	户外广告预算：15万元人民币	

四、广告效果评价预测

售前：采用向消费者促销的方式。

售中：利用媒介和非媒介一起向消费者介绍康康牙膏。

售后：对广告效果进行整体评估。

附录一：电视广告脚本

康康牙膏（儿童篇）

画面一：大熊左手拿着牙刷，右手拿着牙膏，大熊说："牙膏没有了！"大熊随手把牙膏扔了，去拿一支新的牙膏。

转镜头：多啦A梦拼命地去接扔掉的牙膏。

画面三：多啦A梦走到大熊旁边说："你为什么要把牙膏扔掉？""牙膏用完了！"大熊说道。多啦A梦拿过大熊的牙刷挤上牙膏，大熊睁大了眼睛看着，说道："刚才没有牙膏了，你怎么还会挤出这么多牙膏呢？"多啦A梦说："要是没有，我怎么会挤出这么多牙膏？节约的孩子是好孩子，你想成为好孩子吗？"大熊说："我想，我想！"

画面四："康康让我开始节约"。

康康牙膏（青年篇）

画面一：夜晚，屋子里唯一的光亮是桌上的台灯，一名男青年在灯光下写着东西。

画面二：男青年在写信。

声音：男青年写信的声音，是哭泣的声音。

特写：这几天找工作的经历让我学到了很多。好几家公司因为我不懂得节约，把我解雇了。记得小时候（开始回忆小时候）……

画面四：牙膏还没用完，小男孩喊："妈妈，没有牙膏了!"妈妈走了过来把剩余的牙膏挤在牙刷上，递给小男孩说："牙膏不是还有吗！你已经11岁了，一定要懂得节约!"小男孩很不高兴地说："知道了。"妈妈说："你现在也许不理解，等你以后工作的时候你就知道了。"

画面五：写信的纸被男青年的泪水浸湿了一块，男青年继续在信上写道："妈妈，我现在理解您的苦心了，我知道节约了!"

画面六："康康让我懂得节约"。

附录二：消费者市场调查问卷

健康公司为了解消费者对康康牙膏的喜爱程度，进行本市场调查。谢谢您对我们工作的支持。

请在下列选项中选择一个结果：

1. 您觉得当今社会应不应当继续节约？

A. 应当　　　　B. 不应当　　　　C. 随便

2. 您是否喜欢康康牙膏？

A. 喜欢　　　　B. 不喜欢　　　　C. 还可以　　　　D. 没印象

3. 您喜欢康康牙膏的外观设计吗？

A. 喜欢　　　　B. 不喜欢　　　　C. 还可以　　　　D. 没印象

4. 您喜欢康康牙膏的哪种香型？

A. 水果香型　　B. 清香型　　　　C. 薄荷型　　　　D. 都不喜欢

5. 您觉得康康牙膏的价格怎么样？

A. 高　　　　　B. 不高　　　　　C. 还可以

6. 您能够买到康康牙膏吗？

A. 能　　　　　B. 不能

7. 您通常什么时候购买？

A. 节假日　　　B. 促销　　　　　C. 没有牙膏的时候

三、任务3：广告策划课外拓展

3.1 子任务1：制订广告计划

贝格先生（INTERSPEED 有限公司总经理）说："我们的业务涉及多个货运领域，从公路运输到空运，我们在全世界范围内提供货运组织服务，我们目前是领先的物流服务商。我们想让全国的人了解我们。"要让 INTERSPEED 有限公司的服务在德国为人所知，该公司提供了 10 万欧元的广告预算。该公司的业务范围如附件 1 所示。

格尔兰先生作为有经验的销售总监，知道不同的广告媒介和广告手段的费用差别极大。他汇总了一份不同广告媒介的费用列表（见附件 2）。

1. 请借助产品范围描述、广告预算和格尔兰先生提供的信息，制订一份 INTERSPEED 有限公司服务产品的广告计划。请考虑以下要素：

（1）广告媒介和广告手段；

（2）传播范围和传播时间；

（3）广告计划的总成本。

请将您的结果填入表格模板（见附件 3）。需要特别注意的是，针对广告计划各要素，所作的决策要互相匹配，并能够给出充分的理由。

2. 请您决定接下来谁向公司领导汇报广告计划。

附件 1　产品范围

产品系列	INTERSPEED 有限公司的服务
服务信息	性价比合理，提供优质的服务和结算；员工联络方便、司机的形象好，车辆的外观干净整洁；提供运输的组织高效合理，执行运输货车有统一标识。

附件 2　格尔兰先生提供的成本信息

报纸和杂志的广告：印刷媒体上一则广告的生产成本（设计和制作）为一次性 5000 欧元。

表 4 - 5　印刷媒体广告费用

印刷媒体种类	订阅量（万份）	出现频率	每则广告价格（欧元）	
			1/8 页一次性	1/2 页一次性
跨地区报纸（如《南德日报》）	130	周一至周六	14000	35000

印刷媒体种类	订阅量（万份）	出现频率	每则广告价格（欧元）	
			1/8 页一次性	1/2 页一次性
地区性报纸 （如《巴登日报》）	13	周一至周六	2500	10000
其他杂志（如 FitforFun 杂志、 《家居与休闲》杂志）	8	每月	8000	18000

电视广告：30 秒广告的生产成本为一次性 10000 欧元。

表 4-6　电视广告费用

媒体	播出时间	30 秒广告费用（欧元）
由私人主要传媒机构播出（如 RTL）	晚间节目（20 点起）	45000
	下午节目	20000
由国家主要传媒机构播出 （如德国中央电视台）	任意	16000

收音机广告：一段最长 60 秒广告的生产成本为一次性 1600 欧元。

表 4-7　收音机广告费用

媒体	播出时间	30 秒广告费用（欧元）
本地电台	黄金时间 （通勤 & 工作时间）	520
	非黄金时间	240
跨地区电台（如西南 3 台）	黄金时间 （通勤 & 工作时间）	5800
	非黄金时间	2800

表 4-8　折页和广告信函费用

	成本组成	制作单位	彩色（欧元）	黑白（欧元）
折页	制作	500 份	100	70
	邮费	500 份	50	50
	总成本	500 份	150	120
信函	制作	500 封	125	95
	邮费	500 封	150	150
	总成本	500 封	275	245

表 4 – 9　海报广告费用

每件制作成本（欧元）	100	
海报的安装和拆除、海报载体的租金（欧元）	13500	每 30 天
一张海报的总成本（欧元）	13600	每 30 天

说明：以上列举的价格仅为预估价格，视情况不同有浮动，如周末的电视广告费用比工作日贵。

附件 3　INTERSPEED 有限公司广告计划模板（12 月至次年 2 月）

已知信息			
广告经费			
广告目的			
目标群体			
您的决策			
广告手段和媒介	传播范围和时间	理由	产生的费用

3.2　子任务 2：参加大学生广告艺术大赛

3.2.1　任务分解

（1）对广告策划的基础知识复习总结，完成基本知识巩固。

（2）在大学生广告艺术大赛官网（http：//www. sun – ada. net/）查找并阅读各年大赛资料、企业基本信息及其他新媒体资料。

（3）学习大学生广告艺术大赛评审规则，按照比赛要求完成广告策划方案。

（4）总结评价：各组采取头脑风暴法完成讨论，记录组员的发言。组长或某一组员将本组同学的发言进行归纳整理，组长对组员的表现进行简要评价，并填写考核评价表（见表 4 – 10）。

表 4 – 10　考核评价表

班级		小组名称		组长	
组成员					
训练主题					
训练小结					
组长对组员的评价					
教师点评					

3.2.2　任务要点

（1）本任务主要培养学生观察实际问题、独立思考、团队沟通等方面的能力。

（2）各小组在聆听其他组发表意见的过程中，发现本团队之前没有认识到的问题。

（3）学生将认识到策划方案的灵活性。

（4）学习和研究大学生广告艺术大赛的评审规则。

第五章 品牌策划

【项目目标】

社会能力目标：

- 具有严谨的职业态度和敬业精神；
- 具有科学的思维方法和创新精神；
- 具有团队合作意识，沟通交流能力，善于表达。

操作能力目标：

- 熟悉品牌及品牌策划的基本知识；
- 了解品牌策划的程序及方法；
- 能够根据企业需求完成品牌策划全过程。

发展能力目标：

- 掌握正确的现代信息技术的应用操作能力；
- 掌握发现问题、分析问题、解决问题的方法，提高学习能力；
- 具有自律和自我管理的能力。

课件也精彩

扫一扫
更多微课小知识

【知识导航】

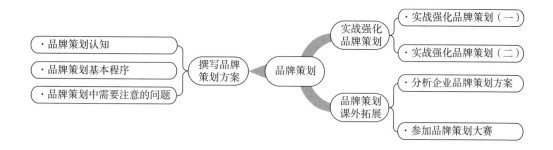

【行业榜样】

董明珠：15 年创造了一个品牌的奇迹

董明珠出生于江苏南京，1975 年参加工作，在南京一家化工研究所做行政管理工作。36 岁的她，辞去工作南下打工，从格力一名基层业务员做起，不断创造格力公司的销售神话——她的个人销售额曾经高达 3650 万元。

到格力 5 年后，董明珠成为销售经理，她是一个从不按常理出牌的人，她的"牌理"只有一个：自己认为对的。某一年冬天，格力积压了 19000 台空调，董明珠把积压空调分摊给每个经销商。经销商和销售员都没想到"新官上任的三把火"会烧到自己身上。有一个年销售额达 1.5 亿元的大经销商，语气傲慢，要求格力厂给予特殊待遇。董明珠把他开除出格力经销网，这让其他经销商们不得不服软。

空调行业拖欠货款问题严重，董明珠规定，对凡拖欠货款的经销商一律停止供货，补足款后，先交钱再提货。长达两年时间内，格力公司没有 1 分钱应收账款，也没有 1 分钱"三角债"。此后，大家都相信董总：不划款，拿不到一台货；只要划款过去，从不拖欠货。董总办事，让人服气、放心！

董明珠发明了"淡季返利"，缓解旺季供货压力。实行"淡季返利"第一年，格力淡季回款额较上年增长 3.4 倍，达 11 亿元，为第二年与春兰公司总决战做好了市场准备。格力公司发明"年终返利"，将 7000 万元利润还给经销商。董明珠还突发奇想，在董事长朱江洪支持下宣布把淡季延长一个月，4 月继续实行 3 月淡季价。

在董明珠担任格力的副董事长、总裁的 15 年里，她和董事长朱江洪创造了我国商界独一无二的奇迹：格力电器连续 11 年空调产销量、销售收入、市场占有率居全国第一位。

资料来源：搜狐网，《董明珠：15 年创造了一个品牌的奇迹，成为格力总裁》，2018 - 07 - 18，https：//www. sohu. com/a/241954355_117373？ _trans_ = 000019_wzwza。

一、任务 1：撰写品牌策划方案

仔细阅读以下信息，请你为公司进行品牌宣传，撰写品牌策划方案，为浩京服装有限公司完成品牌策划书。

企业概况

浩京服装有限公司始终坚持"用真诚赢得信誉，用信用保证效益"的经营理念，立足北京，扎根京津冀，服务全国。公司长期以来，在实践与探索中建立了一套完整的管理体系，总结了先进的管理经验和新兴的时尚理念，通过减少中间环节、降低管理成本、合理的费用优势为客户提供了满意的服务。浩京服装公司积极研发和引进具有高科技含量的信息技术与设备，不断提升经营水平，确保了产品和服务质量的稳步提升，奠定了业内客户服务满意度的领先地位，同时积极与新锐设计师合作，不断加强公司的服装品牌、服装设计研发，新开发的服装品牌即将上市，需要品牌宣传策划。

1.1 品牌策划认知

1.1.1 品牌的含义

品牌是制造商或经销商赋予商品的标志，反过来，从一个品牌能识别其制造商或经销商，它可以是一个名字、标志或符号，品牌所有人对品牌名有长期专用权。

品牌是销售者向购买者长期提供的一组特定的特点、利益和服务的集合，最好的品牌传达了某种质量保证。如果一个公司把品牌仅仅看作一个名字，就忽视了品牌的关键点。一个品牌能看出六层含义即深度品牌，否则为肤浅品牌。

品牌一般包括两个部分，一是品牌名称，是可以用语言称呼的部分；二是品牌标志，可以被认知但不能用语言称呼的部分，常常为某种符号、象征、图案及其他特殊的设计。

1.1.2　品牌的作用

1. 品牌是消费者记忆商品的工具

从某种意义上来说，企业销售的不是产品，而是影响更为深远的品牌，即将品牌深植人心，促使消费者认牌购买。这一观念与传统的营销观念有着本质的差别。品牌是一定商品标志与消费者认知的综合，它反映了目标市场消费者的偏好以及产品所体现的价值。品牌还是对消费者的承诺，也是消费者记忆商品的依据，是创造有利于产品销售的回忆的媒介。

2. 企业品牌有利于买卖双方开展交易

品牌是产品品质特性的综合体现。对消费者而言，它代表了产品品质与价值的保证；对企业而言，品牌能使本企业的产品与竞争对手的产品区别开来。企业品牌策划不仅使企业品牌成为企业的宝贵资产，而且是企业确立信誉的具体体现。

3. 企业品牌是消费者购买产品的依据

在生产技术突飞猛进的今天，产品之间的差异越来越小，在众多同质性产品中，企业品牌是消费者的购买指示器。一旦品牌推广成功，企业品牌就成为产品的代名词，而品牌构成中的标志则成为识别企业品牌的最佳依据。总之，企业品牌是促进消费者购买的动机，而品牌规划优越与否，则是消费者决定是否再次购买的重要因素。

4. 企业品牌策划是产品或企业核心价值的体现

企业品牌策划不仅要将商品销售给目标消费者或用户，而且要使消费者或用户对商品产生好感，从而重复购买，形成对品牌的忠诚度。消费者或用户通过对品牌产品的使用，获得满意体验，就会围绕品牌形成消费经验，存储在记忆中，为将来的消费决策形成依据。一些企业通过自己的品牌树立了良好的企业形象，承载了美好的情感，或代表了一定的文化，使企业品牌及品牌产品在消费者或用户心目中形成了美好的记忆。

5. 企业品牌是商品的分辨器

出于竞争的需要，品牌是用来识别某家企业的产品或服务的。品牌设计应具有独特性，有鲜明的个性特征，品牌的图案、文字等应与竞争对手有区别，代表本企业的特点。同时，不同的企业品牌代表不同的形式、不同质量、不同服务的产品，可为消费者或用户购买、使用提供借鉴。通过企业品牌人们可以认知产品，并依据品牌选择购买。

6. 品牌是质量和信誉的保证

企业设计品牌、创立品牌、培养品牌的目的是希望增加品牌的无形价值，进而在产品质量上下工夫，在售后服务上做努力。品牌代表企业，特别是名牌产品、名牌企业代表了一类产品的质量档次，代表了企业的信誉。

品牌特别是名牌的出现，使用户形成了一定程度的忠诚度、信任度、追随度，由此使企业在与对手的竞争中拥有了后盾。企业品牌还可以利用其市场扩展的能力，带动企业进入新市场；品牌规划可以利用品牌资本运营的能力，通过一定形式，如特许经营、合同管理等进行企业扩张。总之，品牌策划让企业品牌作为市场竞争的武器，常常会带来意想不到的效果。

7. 企业品牌是企业的"摇钱树"

企业品牌以质量取胜，品牌常附有文化、情感内涵，因此品牌提升了产品附加值。同时，企业品牌有一定的信任度、追随度，企业可以为品牌制定相对较高的价格，获得较高的利润。品牌特别是名牌可以给企业带来较大的收益，而品牌策划使企业品牌成为无形资产。

1.1.3 品牌策划的含义

品牌策划使企业形象和产品品牌在消费者脑海中成为一种个性化的存在，并使消费者与企业品牌和产品品牌之间形成统一的价值观。

品牌策划能让企业在进入市场之前对市场需求作出正确的判断，有效阻止了企业的不正确投入，从而避免经济损失，还能为品牌投入市场提供成功的基础保障。

1.1.4 品牌策划的规律

1. 创建品牌首先做产品

好的产品是品牌的生存之本，品牌建设的落脚点是产品。优质的产品是建立消费者忠诚最关键的因素。

要做好产品，除了要保证产品的品质之外，还需要在市场营销的各个环节贯穿产品的推广，产品的名称、概念、包装、服务以及市场展示、营销方式都应具有统一性。产品形象的提升是企业形象提升的基础，撇开产品进行企业形象的塑造，等于是没有打地基就进行楼房的建造，是无法把企业的市场大厦建造起来的。

2. 找好品牌定位

品牌定位是企业创建品牌的前提和基石。没有正确的定位只会使品牌塑造模棱两可，甚至自相矛盾。因此，对于中小企业来说，在创建品牌时一定要有清晰的定位。品牌的定位一定要和产品的个性概念结合起来，这样才能够让消费者区别于其他品牌。

企业核心竞争力是企业成长中最有力、最主要的驱动力，是支撑企业长久竞争优势的基础性能力，也是使企业独具特色并为企业带来竞争优势的战略性能力，推动企业快速发展。放眼世界500强企业，几乎无一不在技术能力、创新能力、战略决策能力、企业文化、品牌形象、顾客服务等方面独具专长，如IBM的服务能力，3M的产品创新能力，丰田的精细化能力，麦当劳的标准化能力，奔驰的机械设计能力，海尔的市场创新能力，微软的产品开发能力等。

没有核心竞争力，品牌就缺乏灵魂，容易被竞争对手超越。只有在核心竞争力的支撑下，品牌才能做到长盛不衰。

3. 塑造品牌形象

当中小企业有了比较突出的品牌形象，企业的产品越来越畅销时，随之而来的就是同类产品同质化竞争。同类产品充斥市场，竞争对手也采取了同样的市场推广策略，品牌的销售业绩大不如前，甚至如果不通过广告战"血拼"，市场占有率就会迅速降低，甚至在危机出现时会发生"休克"。创造一个吸引潜在顾客的品牌形象是制胜的关键，企业必须制定长远的品牌战略，塑造企业强有力的品牌形象。

1.2　品牌策划基本程序

1.2.1　市场调研

通过市场调研，掌握品牌经营的行业背景和品牌的实力，对品牌规划的经营进行可行性分析。

1.2.2　品牌定位

在市场调研的基础上，明确定位品牌的目标顾客群、品牌的核心竞争力。

1.2.3　组织企业架构

确定一个国际企业框架，为品牌规划建立一个坚强的载体。

1.2.4　建立品牌经营系统

品牌经营系统包含两大子系统，其一是品牌识别系统，其二是品牌竞争系统。品牌识别系统的功能是让消费者识别品牌，与竞争者形成区别；品牌竞争系统则是企业经过内外部整合，通过悉心经营和营销战略及策略的实施，获得市场竞争优势。两大系统相互融合。一方面，品牌识别系统应具有良好的与外部消费者沟通的能力，以及具有参与竞争的基本能力；另一方面，在经营时应将品牌识别系统纳入竞争优势形成的范畴中一并考虑。

1.3　品牌策划中需要注意的问题

优秀的品牌策划可以为企业的客户提供更高的服务价值，品牌策划的层次高低将影响企业未来的发展前景。第一，品牌策划首先需要了解该公司产品和服务的对象是谁，产品和服务处于在该领域中的哪个阶段，再进行企业品牌定位。企业品牌定位是否准确非常关键，会影响到企业品牌推广方向。第二，需要结合产品和服务的对象等方面量身策划品牌形象包装设计，对象群体不同，品牌形象包装资料和品牌形象设计的色调也不同。企业服务的对象不同，品牌营销策划方案就不同。品牌策划是一项艰巨的工作，需要根据企业不同阶段的战略规划目标不断进行调整。

1.4　撰写品牌策划方案

1.4.1　品牌策划方案的格式及要点

品牌策划方案的格式一般包括策划目的、营销环境状况、市场机会与问题分析、品牌营销目标、品牌营销战略、具体行动方案、品牌资产等部分。

1. 策划目的

要明确品牌策划所要达到的目标、宗旨，强调执行策划的动力或意义所在，要求全员统一思想，协调行动，共同努力保证策划高质量地完成。

2. 营销环境状况

对同类产品市场状况、竞争状况及宏观环境要有清醒的认识，从而为制定相应的营销策略、采取正确的营销手段提供依据。"知己知彼方能百战不殆"，这部分主要内容如下。

（1）当前市场状况及市场前景分析。例如，品牌在现实市场中的表现如何；市场成长状况，品牌目前的知名度、影响力有多大；消费者的接受性，这一内容需要策划者凭借掌握的资料分析品牌的市场发展前景。

（2）对品牌影响因素进行分析。主要是对影响品牌的不可控因素进行分析，如宏观环境、政治环境、居民经济条件，以及消费者收入水平、消费结构的变化、消费心理等，对一些受科技发展影响较大的产品，如计算机、家用电器等，品牌策划中还应考虑技术发展趋势的影响。

3. 市场机会与问题分析

品牌策划方案是对市场机会的把握和策略的运用，市场机会分析是品牌策划的关键。找准了市场机会，策划就成功了一半。

（1）针对品牌目前营销现状进行分析，包括多方面内容：品牌知名度不高，形象不佳，影响产品销售；产品质量不过关，功能不全，致使品牌被消费者冷落；产品包装太差，品牌档次无法吸引消费者的购买兴趣；品牌名称设计不当，对目标消费者没有吸引力；品牌定位不当；品牌渠道选择有误，销售受阻；品牌个性与形象不符；品牌传播方式不佳，消费者不了解企业产品；品牌形象老化等。

（2）针对品牌特点分析优势、劣势。从问题中找劣势予以克服，从优势中找机会，发掘其市场潜力。分析各目标市场或消费群体特点进行市场细分，对不同的消费需求尽量予以满足，抓住主要消费群体作为营销重点对象，找出与竞争对手的差距，把握和利用市场机会。

4. 品牌营销目标

品牌营销目标是企业所要实现的具体目标，即品牌策划方案执行后，对品牌影响力、知名度有否提升，对品牌资产的建立有何好处等。

5. 品牌营销战略

（1）品牌定位。品牌定位的关键是给品牌找准一个基点。

（2）品牌设计。在品牌定位的基础上，进行品牌设计，包括名称设计与标志设计。

（3）品牌个性。根据品牌定位，给品牌设计一个符合目标消费者的特性。注意品牌特性塑造的几个关键因素。

（4）品牌形象。给品牌塑造一个形象，注意品牌形象和品牌特性之间的关系。包括品牌形象的概述、品牌形象的构成及品牌形象的塑造。

（5）品牌传播。品牌传播的原则：服从公司整体营销宣传策略，树立产品形象，同时注重树立公司形象；长期化——广告宣传中商品特性不宜变来变去，变多了，消费者会不认识商品，使老主顾也觉得陌生，在一定时段上应推出一致的广告宣传；广泛化——多样化选择广告宣传媒体的同时，注重抓宣传效果好的方式；不定期的配合阶段性的促销活动，掌握适当时机，及时、灵活地进行，如重大节假日、公司纪念日等。

实施步骤可按以下方式进行：策划期内前期推出品牌形象广告；销后适时推出诚征代理商广告；节假日、重大活动前推出促销广告；把握时机进行公关活动，接触消费者；积极利用新闻媒介，善于利用新闻事件提高企业产品知名度。

6. 具体行动方案

根据策划期内各时间段特点，推出各项具体行动方案。行动方案要细致、周密，操作性强又不乏灵活性，还要考虑费用支出，一切量力而行，尽量以较低费用取得良好效果。

7. 品牌资产

根据品牌策划，分析所塑造的品牌资产的价值。根据品牌资产的构成要素进行评估。

8. 方案调整

这一部分作为策划方案的补充部分。在方案执行中可能出现与现实情况不适应的地方，因此方案必须随时根据市场的反馈及时进行调整。

品牌策划书一般由以上几项内容构成。根据企业产品不同，营销目标不同，可对上述各项内容进行详略取舍。

1.4.2 撰写品牌策划方案的注意事项

一份完整的品牌策划书文本应该具备一个版面精美、要素齐备的封面，以给人良好的第一印象。策划书的封面可提供以下信息：策划书的名称，被策划的客户，策划机构或策划人的名称，策划完成日期及本策划适用时间段。品牌策划具有一定时间性，不同时间段市场状况不同，执行效果也不一样。

为了提高策划书撰写的准确性与科学性，应首先把握其编制的几个主要原则。一是逻辑思维原则，策划的目的在于解决企业品牌营销中的问题，按照逻辑性思维来编制策划书。首先，设定情况，交代策划背景，分析产品市场现状，再把策划中心目的全盘托出。其次，进行具体策划，详细阐述具体内容。最后，明确提出解决问题的对策。二是简洁朴实原则，要注意突出重点，抓住企业品牌营销中所要解决的核心问题，深入分析，提出可行的对策。三是可操作原则，编制的策划书要用于指导品牌营销活动，涉及品牌营销活动中的每个人的工作及各环节关系的处理，因此可操作性非常重要。不能操作的方案和创意再好也无任何价值。不易于操作的方案还会耗费大量人力、财力、物力。四是创意新颖原则，要求策划的"点子"新、内容新、表现手法也要新，给人以全新的感受。新颖的创意是策划书的核心内容。

参考格式范例：品牌策划方案

封面
摘要：目的、过程、方法、主要内容

目录

正文

1. 策划目的：寻找目标，解决问题

2. 营销环境状况

当前市场状况及市场前景分析

对品牌影响因素进行分析

3. 市场机会与问题分析

针对品牌目前营销现状进行问题分析

分析优劣势

4. 品牌营销目标

5. 品牌营销战略（具体的营销策略）

具体方式：广告、人员推销、营业推广（可以从服务、硬件设备等方面进行分析）、公共关系。

6. 品牌资产（主要分析品牌价值，构成要素的评估）

参考文献

附录

1.5　任务考核

1.5.1　任务分解

（1）收集几个同类企业服务项目的品牌策划方案。

（2）完成品牌策划方案的撰写。

（3）制作品牌策划路演 PPT，并进行路演。

1.5.2　考核要点

（1）比较同类企业服务项目的品牌策划方案，进行学习研究。

（2）撰写品牌策划方案要综合考虑拟策划的企业服务项目的特点、市场环境、竞争对手的相关策略等因素。

（3）品牌策划方案的结构、文字、排版规范，封面、摘要和关键词、目录、正文、结语、参考文献、附录的构架要完整。

（4）路演 PPT 文档应有概括性、逻辑性，美观大方，演讲时间控制在 10 分钟以内。

（5）分工演示，有人操作、有人演讲。演讲者应自信、大胆，演说流畅。用计算机计时，控制演示时间。

（6）撰写任务报告。

1.5.3 总结评价

汇报完成后需完成自评与小组互评。打分结果上报任课教师。

（1）自评。每个小组进行自评，并阐述小组做得好的地方和不足之处。

（2）小组互评。每个小组负责给其他小组打分。小组考核评分计入表5-1中。

表5-1 小组考核评分表

考评班级			考评时间	
考评小组			被考评小组	
考评内容				
考评标准	内容	分值		实际得分
	工作分工	2		
	工作演示	4		
	工作成果	4		
合计		10		

（3）教师反馈结果并点评。教师汇总每组评分，计算并公布每个小组的平均得分，对获得第一名的小组给予奖励，并对每组的汇报进行点评。

（4）总结评价。按计划完成工作任务后，各小组上传任务成果，填写工作任务单（见表5-2），完成评价。

表5-2 工作任务单

项目名称			
姓名		班级	
任务分解	考核要点	任务成果及完成情况	
收集相关方案	比较同类企业服务项目的策划方案，学习研究		
策划方案	撰写方案要综合考虑拟策划的企业服务项目的特点、市场环境、竞争对手的相关策略等因素；结构、文字、排版规范，封面、摘要和关键词、目录、正文、结语、参考文献、附录的构架要完整		
路演PPT	PPT文档应有概括性、逻辑性，美观大方		
路演	路演时间控制，分工演示，演讲者应自信、大胆，演说流畅。用计算机计时，控制演示时间		

续表

总结：本人在完成时的收获、创新点和不足		
评价	小组合作：4 分	
	书面表达：3 分	
	语言表达：3 分	
	总分： 10 分	

二、任务 2：实战强化品牌策划（一）

2.1 任务分解

（1）阅读范例 5 – 1 文本材料，在范例中划出重点词汇与语句。

（2）思维导图海报绘制。根据品牌策划方案范例，将品牌策划方案的主要内容与主要格式绘制成思维导图，并加以解释。

（3）收集几个同类企业服务项目的品牌策划方案并加以学习分析。

（4）总结归纳出某一相同主题品牌策划的特点、优点与不足。

（5）总结评价，完成任务后做自我评价，同学、师生互相交流后做同学互评、教师评价，并填写工作任务单（见表 5 – 3）。

表 5 – 3 工作任务单

项目名称				
姓名			班级	
任务分解	考核要点		任务成果及完成情况	
相关方案主题	比较同类企业服务项目的策划方案，学习研究			
策划方案	总结归纳出某一相同主题品牌策划的特点、优点与不足			
本人在完成时的收获、创新点和不足				
评价	个人评价：3 分			
	同学互评：4 分			
	教师评价：3 分			
	总分： 10 分			

2.2 任务要点

（1）比较同类企业服务项目的品牌策划方案，进行学习研究。

（2）绘制范例品牌策划方案思维导图要综合考虑策划方案的结构、文字、排版规范，注意策划方案的构架及内容。

（3）收集品牌策划方案，找到品牌策划方案的共性特点，总结品牌策划方案的相关策略等。

范例5-1 魅力生活护肤品牌策划方案

一、策划目的

本策划方案旨在通过一系列的活动和宣传提升魅力生活护肤品的品牌形象，使消费者对产品质量放心，同时通过追踪魅力生活护肤品的忠实使用者，让他们反馈使用魅力生活护肤品的心得感受，激发消费者对品牌的支持。期待这次策划活动能够有效提升魅力生活护肤品在京津冀地区的行业形象，增强消费者的信心。

二、营销环境状况

目前女性越来越注重对美的追求，注重护肤品的品牌和功效。同时，市场对自有品牌、民族品牌越来越认同。这正是魅力生活护肤品提升品牌价值的好机会。

三、市场机会与问题分析

魅力生活护肤品以"给您青春肌肤"的口号进入市场，推出滋润系列。魅力生活护肤品推出第一只具有抗衰老功效的洁面产品——魅力生活护肤洁面乳，得到了广大消费者的认可，是行业内同类产品的销售冠军。然而，在魅力生活护肤品高速发展的同时，其产品质量不断受到媒体的质疑和消费者的投诉，从"白领孕妇使用魅力生活护肤品过敏""魅力生活护肤品被检测出含有致癌物质"，再到"品牌化妆品含有违禁成分"。魅力生活护肤品在中国正面临一场前所未有的信任危机。如何尽快化解危机，获取消费者的信任，成为品牌亟须解决的问题。只有在消费者心目中树立好良好的形象，产品的销量持久，品牌才得以长期立足于市场，占有更大的市场份额。

四、品牌营销目标

1. 促销期间销售量增长20%。

2. 魅力生活护肤品的品牌质量和形象在消费者心中有较大的提高和巩固。

3. 魅力生活护肤品的老客户对品牌一贯支持和拥护。

4. 通过效果追踪活动吸引新的客户。

5. 魅力生活护肤品未来一年的销售额提高远远大于本次活动经费支出。经费预算包括：试用装派发的成本费用、促销活动的劳动力费用以及系列活动投入的广告费用和活动费用。

五、品牌营销战略

1. 主题：我们能证明，你看起来更年轻。

2. 口号：一如既往的品质，魅力生活护肤与你共同成长。

魅力生活护肤品陪伴女性的成长，使女性变得更年轻更美丽，产品品质也在不断地进步与完善。通过这次活动，强化品质效应，强调品牌与各位使用魅力生活护肤品的女性共同成长，加深情感的共鸣。

3. 目标公众的分析：魅力生活护肤品使用者定位为 18～50 岁的女性，特别是 30～50 岁的中高收入职业女性。销售区域主要是城市，若只选一些城镇或较小的城市，促进销售和扩大宣传的效果会大打折扣。本次活动选择在京津冀地区经济较发达的城市进行，具体地点是没有魅力生活护肤品专柜的超市，其原因是超市的人流量大，消费力比较强。

4. 具体的活动项目及步骤

（1）做好魅力生活护肤品非专柜促销活动。布置好促销摊档，进驻暂时没有魅力生活护肤品专柜的超市，在黄金时间由促销员进行推销和讲解。促销现场要有 POP 宣传海报，POP 海报设计应尽量简洁、醒目、生动，让顾客在三秒钟内对活动的时间、内容一目了然，对活动产生兴趣，并有深入了解的愿望。超市入口处或促销台旁为张贴 POP 海报的最佳位置。

促销台摆上魅力生活护肤公司的小牌匾，以及国家质量检验合格证书等，增强消费者对品牌的印象。促销专用台用玻璃制成，设计与高档化妆品店的化妆品陈列柜类似。根据魅力生活护肤品的种类，专用台分成四层，每一层放不同系列的产品（如第一层是洁面产品，第二层是润肤产品）。专用台的颜色与产品包装的颜色匹配，既方便导购演示，又体现出产品的高档、时尚形象，以及魅力生活护肤公司"世界一流产品，美化您的生活"的形象。宣传横幅有口号，"一如既往的品质，魅力生活护肤与你共同成长"。促销现场播放音乐吸引顾客。非本季节推出的系列产品以 8 折让利酬宾销售，购物满 68 元的顾客可获赠一套新产品的试用小样，购物满 288 元的顾客可免费获赠 VIP 卡。

（2）通过媒体进行宣传。在一个月内的每个星期五和星期六投放平面媒体广告，广告画面简单直接，突出品牌形象，凸显魅力生活护肤品的质量，包括国家质量检验、ISO 等标准验证证明文件。

（3）开展魅力生活护肤品的中国 20 年系列活动。魅力生活护肤品在中国的 20 年，不断成长，像一位少女，刚刚到达最美好的 20 岁，可以依此进行一系列的活动。寻找 20 岁的花季少女，在宣传摊档凭以往使用过的魅力生活护肤产品瓶子或小票可以免费获赠试用装一份。开展"魅力生活护肤与我共同成长"的征文活动，让顾客说说使用魅力生活护肤品的心得和感想，通过平面媒体、电视广告进行宣传，在魅力生活护肤公司的官方网站展示作品，并设置奖品和奖金。

在电视台预约一档谈话类节目，时间不超过20分钟，邀请使用魅力生活护肤品20年的客户，参加"我与魅力生活护肤的20年"访谈，谈话嘉宾要精心挑选，她们自使用魅力生活护肤品以来，皮肤改善很多，看起来比实际年龄要年轻，突出"我们能证明，你看起来更年轻"的主题思想。

印制精美卡片寄送给每一位VIP客户，宣传魅力生活护肤品20年来，与客户共同成长。通过与老客户的沟通，让她们感受到公司对VIP客户的重视和关怀。

（4）开展魅力生活护肤保养知识进校园活动。肌肤的保养和护理要从年轻时候开始，花季少女要学会清洁自己的皮肤，做最基本的护理。可以请数名美容顾问到高校巡回演讲，传授美容护理的知识，并推销魅力生活护肤品的清洁系列、滋润护理系列，派发一部分试用装。或者围绕这个专题做一个网站，讲授皮肤的护理和保养知识，并派人到高校推广宣传网站，让高校女生注册网站、阅读资料后，获赠试用装，从而让产品的知名度和使用人群扩大。

（5）开展效果追踪活动。寻找几位有皮肤问题的消费者，如皮肤干燥、暗黄、粗糙、皱纹等，免费向她们提供魅力生活护肤品，跟踪她们的使用情况，一段时间后测试皮肤状况，例如皮肤不再干燥了、肤色变白了、皱纹减少了等。用事实说话，魅力生活护肤品的产品效果和质量是值得信赖的。

5. 活动的广告、宣传计划

采用非专柜促销活动的POP宣传海报，发放试用装，宣传新产品。投放平面媒体广告，凸显魅力生活护肤品的质量保证。举办20年系列活动、征文活动，通过平面媒体、电视广告进行宣传。通过电视台的谈话类节目"我与魅力生活护肤的20年"宣传。VIP的客户获赠精美卡片，了解新产品，以此巩固品牌地位。此外，还有效果追踪活动的媒体宣传。

六、品牌资产

通过一系列的广告和活动宣传，魅力生活护肤品牌与消费者拉近距离，巩固魅力生活品牌形象。

当然，在进行一系列的活动的同时，不可忽视魅力生活护肤品的品质，企业要努力保持其产品的绝对安全。此外，注重改善产品的包装，在这个时代，包装即内涵。白领、金领阶层收入颇丰，文化档次、个人修养较高，面向这一消费者群体，企业要结合现代设计观念与企业管理理论的整体性运作，刻画企业个性，凸显企业精神，使消费者产生深刻的认同感，从而达到保护品牌的目的。可从增加产品的附加值着手，用独特的外包装吸引该阶层的消费者。

三、任务3：实战强化品牌策划（二）

为浩京服装有限公司完成品牌策划，撰写品牌策划方案。

3.1　任务分解

（1）制定小组品牌策划方案编写工作计划（见表5-4），确定分工安排。

表5-4　品牌策划方案编写工作计划

序号	工作内容	完成时间	负责人	提交成果要求

（2）为浩京服装有限公司完成品牌策划方案。

（3）制作品牌策划路演 PPT，并进行路演。

（4）总结评价。任务完成后需完成自评与小组互评及总结评价。打分结果上报任课教师。

自评。每个进行自评，并阐述小组做得好的地方和不足之处。

小组互评。每个小组负责给其他小组打分（见表5-5）。

表5-5　考核评分表

考评班级		考评时间	
考评小组		被考评小组	
考评内容			
考评标准	内容	分值	实际得分
	工作分工	2	
	工作演示	4	
	工作成果	4	
合计		10	

教师反馈结果并点评。教师汇总每个小组评分，计算并公布每个小组的平均得分，对得分最高小组给予奖励，并对每个小组的汇报进行点评。按计划完成工作任务后，各小组上传任务成果，填写工作任务单（见表5-6），完成评价。

表 5 – 6　工作任务单

项目名称				
姓名			班级	
组建团队小组				
	要点要求		完成情况	
	工作计划			
考核要点	策划方案			
	路演情况			
	小组合作			
小组在完成时的收获、创新点和不足				
评价	自我评价：10 分			
小组合作：4 分	小组评价：10 分			
书面表达：3 分	教师评价：10 分			
语言表达：3 分	总分：　　30 分			

3.2　任务要点

（1）撰写品牌策划方案要注意品牌策划方案的结构、文字、排版规范，封面、摘要和关键词、目录、正文、结语、参考文献、附录的构架要完整。

（2）路演 PPT 文档应有概括性、逻辑性，美观大方，演讲时间控制在 10 分钟以内。

（3）分工演示，有人操作、有人演讲。演讲者应自信、大胆，演说流畅。用计算机计时，控制演示时间。

（4）小组有计划、有目标，分工明确，协作完成任务。

四、任务 4：品牌策划课外拓展

4.1　子任务 1：分析企业品牌策划方案

实训人员：3~4 人组成一个小组，以小组为单位进行实训。

实训时间：与第五章教学时间同步。

实训道具：企业通过平面媒体、新媒体及其他媒体正在播放的品牌策划推广。

实训场地：多媒体教室。

实训内容：

收集企业通过平面媒体、新媒体及其他媒体正在播放的、你认为效果好和效果不太好的品牌推广案例，以小组为单位进行讨论，并在全班展示讨论结果。讨论问题如下：

（1）这家企业品牌推广的内容是什么？

（2）这家企业品牌推广是否有效果？

（3）如果效果不好，你认为它们应如何改进？

（4）为效果不太好的品牌推广草拟一份新的方案。

作业展示：

（1）组长组织组员采取头脑风暴法完成讨论，将各组员的发言记录下来。

（2）组长或某一组员将本组同学的发言进行归纳整理。

（3）组长对组员的表现进行简要评价，填写考核评价表（见表5－7）。

表5－7 考核评价表

班级		小组名称		组长	
组成员					
训练主题					
训练小结					
组长对组员的评价					
教师点评					

要点：

（1）本题主要培养学生观察实际问题、独立思考、团队沟通等方面的能力。

（2）各小组在聆听其他组发表意见的过程中发现本团队之前没有认识到的问题。

（3）学生将认识到品牌推广的灵活性。

4.2 子任务2：参加品牌策划大赛

4.2.1 任务分解

（1）对品牌策划的基础知识复习总结，完成基本知识巩固。

（2）在大学生品牌策划大赛官网（推荐比赛：全国高校商业精英挑战赛品牌策划竞赛，http：//www.ccpitedu.org）查找当年大赛资料、企业基本资料及其他新媒体的资料。

（3）学习大学生品牌策划大赛评审规则，按照比赛要求完成品牌策划方案。

（4）总结评价：组长组织组员采取头脑风暴法完成讨论，将各组员的发言记录下来。组长或某一组员将本组同学的发言进行归纳整理。组长对组员的表现进行简要评价，填写考核评价表（见表5-8）。

表5-8 考核评价表

班级		小组名称		组长	
组成员					
训练主题					
训练小结					
组长对组员的评价					
教师点评					

4.2.2 任务要点

（1）本任务主要培养学生观察实际问题、独立思考、团队沟通等方面的能力。

（2）各小组在聆听其他组发表意见的过程中发现本团队之前没有认识到的问题。

（3）学生将认识到策划方案的灵活性。

（4）注意品牌策划大赛的评审规则。

第六章 公共关系策划

【项目目标】

社会能力目标：

- 具有较强的全局能力和抗压能力；
- 具有科学的思维方法和创新精神；
- 具备人际交往的素质、适应社会的能力。

操作能力目标：

- 了解公共关系策划的概念和要求；
- 能够为某公共关系活动收集资料并整理运用；
- 能够根据公共关系策划的基本知识为企业完成公共关系策划。

发展能力目标：

- 掌握创造性思维方法、系统科学及信息科学方法；
- 掌握发现问题、分析问题、解决问题的一般研究方法；
- 掌握自主学习、独立思考的能力，可以理性判断和灵活应对学习中的问题。

课件也精彩

扫一扫
更多微课小知识

【知识导航】

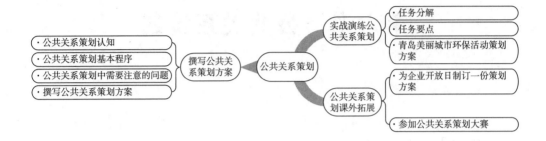

【行业榜样】

"大白兔"成功

菲律宾突然宣布，抽查市面上多款中国食品样本后，发现其中4款食品含甲醛等有害物质，包括中国知名糖果品牌、上海冠生园集团生产的大白兔奶糖。此消息经菲律宾GMA电视新闻网公布后，美国、新加坡、中国澳门、中国香港等地区的多家媒体都进行了报道，引起海内外强烈关注，大白兔奶糖的食品安全受到了广泛质疑，广州部分超市将大白兔奶糖撤柜。

"甲醛事件"曝光后，冠生园集团主动停止了"大白兔"产品的出口，并在3天内完成了3件重要的事情：一是给菲律宾方面发函沟通；二是请权威质检机构对生产线的产品进行质检；三是召开中外媒体见面会，宣布检查结果。不仅如此，冠生园集团还对菲律宾食品药品机构在既未公布相关检测报告，也未得到生产企业确认的情况下，贸然通过媒体发布信息，给"大白兔"品牌造成损失的极不负责行为，发出保留诉讼法律的权利的声明。

随着权威检测报告的公布，海外经销商对"大白兔"的疑虑消除，纷纷来电要货，经过4天的滞销后，10个货柜大白兔奶糖被迅速解冻，7个订单发往新加坡、哥斯达黎加、马来西亚、印度、尼泊尔、美国等地。

一、任务1：撰写公共关系策划方案

仔细阅读以下信息，请你为公司进行提升知名度的公共关系宣传，完成公共关系策划方案。

企业概况

浩京服装有限公司连续多年被评为"优质诚信企业",公司业务量连年上升。随着公司业务的壮大以及员工的增加,公司准备搬迁至一个更大、更宽敞的办公场所。在即将搬迁前,公司发现新的办公地点由于开窗通风,居然飞进来很多鸽子筑巢,公司管理层非常为难。现在需要公关部的负责人帮助公司完成这次公关策划,顺利进入新的办公室,同时借此提升公司的知名度。

1.1 公共关系策划认知

1.1.1 企业公共关系的概念

企业公共关系指一家企业为了谋求社会各方面的信任和支持、树立企业形象和信誉、创造良好的社会环境而采取的一系列措施和行动。

公共关系的要素包括:(1)公共关系的主体——社会组织;(2)公共关系的对象——公众;(3)公共关系的工具——媒介。

企业公共关系的基本特征如下。(1)企业公共关系是企业与其相关的社会公众之间的联系,个人之间的人际关系不属于公共关系的范畴。(2)企业公共关系是一种信息沟通活动,它只能运用信息沟通的手段来协调企业与公众的关系,因此公共关系的活动是有限的。(3)企业公共关系主要是树立和保护企业的信誉和形象,因此企业的各项策略和措施要尽可能符合公众和社会利益,坦诚地面对社会公众,并以自身良好的实践行动作为交流的基础,求得社会公众的理解和支持。(4)企业公共关系是一种长期的战略性关系,不能急功近利。公共关系不是一种短期行为,需要有计划地连续不断地进行。(5)企业公共关系活动的原则是平等互利、真诚合作,是双赢的战略。公共关系以一定的利益关系为基础,双方应真诚、平等、互利,必须同时兼顾企业和公众的利益。

企业公共关系的作用有:(1)建立企业的信誉,维护企业的形象;(2)交往沟通,协调关系;(3)咨询建议,为企业决策提供参考;(4)教育引导,服务社会。

1.1.2 公共关系策划的概念

公共关系策划指为达成组织目标,公共关系人员在进行充分环境分析调查的基础上,对总体公共关系战略及具体公共关系活动进行的筹划、计划和设计过程。它不是具体的公共关系业务活动,而是公共关系决策的形成过程。它由策划者、策划目标、策划对象、策划内容、策划结果五要素组成。

公共关系策划有五层含义：（1）公共关系的策划工作是公共关系人员的工作，是由公共关系人员来完成的。（2）公共关系策划是为组织目标服务的。（3）公共关系策划是建立在公共关系调查基础上的，既非凭空产生，也不能囊括所有公共关系活动。（4）公共关系策划可以分成公共关系战略策划和专题公共关系活动策划两个层次。（5）公共关系策划包括筹划、计划和设计三方面的工作。

1.1.3　公共关系策划的作用

公共关系是一门经营管理艺术，是一项与企业生存发展息息相关的事业。其作用主要体现在以下五个方面。

1. 广泛收集信息，监测使用环境

信息是企业生存与发展必不可少的资源。运用各种公共关系手段可以采集各种相关信息，监测企业所处的环境。

（1）产品形象信息。产品既可以是企业提供给顾客的有形物品，如衣服、计算机等，也可以指无形的劳务支出或服务，如律师服务、歌星演唱等。产品形象信息指消费者对本企业产品的各种反映与评价，如对产品质量、性能、用途、价格、包装、售后服务等的评价与反映。

（2）企业形象信息。包括公众对企业组织机构的评价，公众对企业经营管理水平的评价，公众对企业人员素质的评价，公众对企业服务质量的评价。

（3）企业内部公众的信息。企业的职工作为社会公众的一部分，必然对企业产生不同的反映与评价。通过对企业内部职工意见的了解，能掌握职工对企业的期望，了解企业树立什么样的形象才能使职工产生向心力和凝聚力。企业内部公众的信息可以通过意见书，各职能部门的计划、总结、工作报告以及企业内部的舆论工具等来获得。

（4）其他信息。企业不可能脱离外界而存在，投资者的投资意向、竞争者的动态、顾客的需求变化，以及国内外政治、经济、文化、科技等方面的重大变化，都会直接或间接地影响企业的经营决策。公共关系作为社会经济趋势的监测者，应广泛地收集相关信息。

2. 提高信息总量，给予决策参谋

公共关系利用收集的各种信息，进行综合分析，考察企业的决策和行为在公众中产生的效应及影响程度，预测企业决策和行为与公众可能意向之间的吻合程度，并及时、准确地向企业的决策者进行咨询，提出合理可行的建议。

（1）决策目标的确立。确立决策目标是决策过程中最重要一环。公共关系是整体决策目标系统中的重要因素。它从全局和社会的角度来综合评价各职能部门的决策目标可能导致的社会效益，从而发现和揭示问题，提醒决策者按公众需求和社会效益制定决策目标。

（2）获取决策信息的重要渠道。合理、正确的决策依赖及时、准确、全面的信息，公共关系部门可以利用公共关系与企业内部、外部进行广泛交流，为决策开辟广泛的信息渠道。

（3）拟订决策方案不可缺少的参谋。公共关系作为决策参谋，能帮助决策者评价各方案的社会效益，提高决策方案的社会适应能力和应变能力。

（4）为决策方案实施效果提供反馈信息。信息的反馈有助于修改、完善决策方案，这是公共关系的职能之一。公共关系部门可以利用它与公众建立关系网络和信息沟通渠道，对正在实施的决策方案进行追踪监测，并及时反馈对其评价的信息。

3. 制造舆论宣传，创造舆论氛围

这一职能指公共关系作为企业的"喉舌"，将企业的有关信息及时、准确、有效地传递给特定的公众，为企业树立良好形象、创造良好的舆论氛围。

4. 协调内外关系，顺畅沟通

企业是一个开放的系统，不仅内部各要素需要相互联系、相互作用，而且与企业外部环境也需要进行各种交往、沟通。交往沟通是公共关系的基础，任何公共关系的建立、维护与发展都依赖于主客体的交往沟通。只有交往，才能实现信息沟通，使企业的内部信息有效地输向外部，使外部有关信息及时地输入企业内部，从而使企业与外部各界相互协调。企业的协调关系，不仅包括企业与外界的关系，还包括企业内部关系，如企业与其职工之间的关系、企业内部不同部门之间的关系等，要使全体职工与企业之间达到理解和共鸣，增强凝聚力。

5. 正确教育引导，服务社会

公共关系具有教育和服务的职能，指通过广泛、细致、耐心的劝服性教育和优惠性、赞助性的服务，诱导公众对企业产生好感。对企业内部，公关部门代表社会公众，向企业内部输入公关意识，引导企业内部各部门及全体职工重视企业整体形象和声誉；对企业外部各界，公关部门代表企业，通过劝服性教育和实惠性社会服务，使社会公众对企业的行为、产品等认同和接受。

1.2 公共关系策划基本程序

1.2.1 公共关系调查

公共关系调查是公共关系过程的首要步骤，是公共关系工作的基础，是公共关系活动的重要方式。公共关系调查的内容包括企业自身状况的调查、相关公众状况调查、传播媒介状况调查、社会环境状况调查，以及企业与公众关系现状调查。

公共关系调查一般可分为以下五个阶段。（1）调查准备阶段，包括确立调查任务、开展调查设计、准备调查条件。（2）资料收集阶段，包括实际收集资料，争取多方支持。（3）资料整理分析阶段，包括整理调查资料和分析调查资料。（4）报告写作阶段，包括综合分析经过审核和加工处理的信息资料，确定调查报告的主题；全面汇集有关信息资料，概括出相应事物存在与变化的一般情况；综合研究相关信息资料，提炼出有关观点；选择运用有关信息资料，具体说明社会组织公共关系工作中应当注意的有关问题等。（5）总结评估阶段，主要评估调查成果和总结调查工作。

公共关系具体调查方法分为普遍调查法、抽样调查法、典型调查法、重点调查法和个案调查法。资料收集的调查方法分为科学观察法、询访调查法、问卷调查法、量表测量法及文献信息法。

1.2.2　公共关系策划

公共关系策划方案没有定式，策划者一般根据实际需要撰写。但无论方案形式、内容有何种差别，都应具备8个基本要素——"5W、2H、1E"。

What（什么）——策划的目的、内容；

Who（谁）——策划组织者、策划者、策划所涉及的公众；

Where（何处）——策划实施地点；

When（何时）——策划实施时机；

Why（为什么）——策划的缘由；

How（如何）——策划的方法和实施形式；

How much（多少）——策划的预算；

Effect（效果）——策划结果的预测。

上述8个要素是一份完整的公共关系策划文案应当具备的基本组成。针对不同组织、不同内容与形式的公共关系计划方案，都应当围绕这8个要素展开，并根据需要丰富完善、组合搭配。公共关系策划文案的创意与个性风格，就存在于对要素的丰富完善和组合搭配的差异之中。

1.2.3　公共关系活动实施

公共关系活动实施包括以下几个步骤：（1）确定项目与内容；（2）熟悉工作的要求和方法；（3）掌握工作时间与流程；（4）进行工作预算分配；（5）建立工作机构及人员组织；（6）遵守工作规章制度。

在实施之前要做好公共关系活动实施的准备，要对实施人员进行培训，开展实施调查与实验。

1.2.4 公共关系活动的评估

（1）民意测验法。选择一定数量的目标公众，通过问卷等形式征求他们对公共关系活动的意见，并加以分析、统计，说明公共关系活动的效果。

（2）专家评估法。请有关专家对公共关系活动提出观点和意见，从不同角度分析公共关系活动的效果。

（3）访问面谈法。由公共关系人员通过个别交谈或集体访谈的方式，了解公众对公共关系活动的意见和看法，借以评估公共关系活动的效果。

（4）观察法。公共关系人员通过观察目标对象对公共关系活动的反应，评估公共关系活动的结果。

（5）资料分析法。通过企业生产经营资料、销售数据的变化，验证公共关系活动的效果。

1.3 公共关系策划中需要注意的问题

（1）树立企业内外部形象。公共关系的首要内容是帮助企业建立起良好的内部形象和外部形象。

（2）建立信息网络。公共关系是企业收集信息、实现反馈以帮助决策的重要渠道。

（3）处理公共关系。在现代社会环境中，企业不是孤立存在的，不可能离开社会实现经营目标，而是在包括顾客、职工、股东、政府、金融机构、合作方以及新闻媒介等因素组成的社会有机体中运转的。公共关系活动正是维持和协调企业与内外公众关系的最有效的手段。

（4）消除公众误解。任何企业在发展过程中都可能出现某些失误，而失误往往是一个转折点，处理不妥，就可能导致满盘皆输。因此，企业平时要有应急准备，一旦与公众发生纠纷，要尽快查清事实真相，及时做好调解工作。例如，企业的噪声影响周围的居民小区，就会引起同当地居民及社区的纠纷。这种情况下，通过公共关系活动可起到缓冲作用，使矛盾在激化前及时缓解，为企业重新塑造良好的形象。

（5）分析预测。分析预测指及时分析预测社会环境的变化，其中包括政策、法令、社会舆论、公众兴趣、自然环境、市场动态等的变化。

（6）促进产品销售。促进产品销售即以自然随和的公共关系方式向公众介绍新产品、新服务，既可以增强公众的购买和消费欲望，又能为企业和产品树立更好的形象。

1.4 撰写公共关系策划方案

1.4.1 公共关系策划方案的格式及要点

公共关系策划方案的要点包括主题、目的、背景分析、活动方式和实施步骤、传播策略、经费预算、效果预测与评估、署名与日期。

1. 主题

用简洁的语言概括公共关系活动的创意内容。如某护肤品庆典活动的主题为"美丽你我他"，其包含的公共关系活动创意内容为该护肤品让所有人美丽。

2. 目的

用简洁的语言表明本次公共关系活动要达到的目的或目标，为公共关系活动评估提供参照，同时也表明了本次公共关系活动的意义所在。

3. 背景分析

任何一项公共关系活动都不是无缘无故发生的。作为活动的主办方或出资方，在特定的时间、地点、推出一项公共关系活动，均有其特定的背景和需要。一份策划方案，只有在充分调查研究的基础之上，阐明这一背景和需要，才能引出具体策划内容、方案，也才能说明举办这一活动的迫切性、针对性和意义所在。公共关系活动背景分析的撰写，并无固定的套路，可视活动的不同性质而定。如一项公益型公共关系专题活动的策划书与一项品牌推介型公共关系专题活动的策划书，其活动背景分析的撰写重点就有所不同：前者强调社会热点和公众需要，后者着眼于市场竞争态势和企业拓展需要。

一般来说，背景分析离不开两大内容：一是社会、公众和市场需要，二是组织自身发展需要，只不过不同的活动各有其不同的侧重点而已。撰写者在写作公共关系活动背景分析这一部分时，必须牢牢把握社会、公众、市场需要和组织自身发展需要，并注意用简洁的语言表达这一内容。同时，在分析社会、公众、市场需要时，应以一定的调查资料为基础而展开。

4. 活动方式和实施步骤

实施步骤一般分为准备阶段、实施与传播阶段、善后阶段。在每一个阶段一般都要写明活动的时间或时机、场地、人物（包括实施人员）、方式、物品调度等要素，并将其进行动态的组合，从某种意义上说就是公共关系活动在文本上的预演。

策划书的可操作性和实践指导性具体体现在这一部分。

（1）时间或时机。"天时、地利、人和"，时间或时机对策划者来说，关系到公共关系活动的成败，如何选择合适的时间或时机，策划者应慎重考虑。一般来说，适宜公共关系活动进行的时间或时机有节假日、组织创办或企业开业之际、企业推出新的产品和新的服务项目之际、组织发展很快但声誉尚未形成之际、组织更名或与其他组织合并之际、组织在某些方面出现失误或遭到误解之际。

（2）场地。适合公共关系活动开展的主要场地有闹市、繁华的街道和顾客盈门的商场。公众云集、易于传播的地方是公共关系活动首选地。广场：如适宜举办大型公共关系活动的体育广场、文化广场以及城市广场；重大的节庆活动、物资交流贸易会、体育比赛、文艺演出等，适宜以广场为地点。会堂：各种类型的会堂是召开各种会议的场所。员工大会、颁奖典礼、新闻发布会、与协作者磋商、与公众的对话联谊，适合在会堂举行。展馆：各类组织进行展示性公共关系活动的专门场所。展馆的展厅面积很大，其服务的方式往往是举办短期展览会，供同一行业、同一类商品、同一地区的有关组织联合使用。如果独家使用就要审视自身的实力，如果联合使用就要注意与组织自身同性质的展览会信息。现场：包括生产现场、施工现场、事件发生现场等。现场有时与所传播的信息密切相关，因此利用现场举办公共关系活动，往往有很大的说服力。

选择了公共关系活动的场地后，还需对场地加以布置。大型公共关系专题活动的场地布置，是一项对创意和专业技术均有很高要求的工作，其具体设计方案一般还须另行撰写，并配有专门的设计效果图。但在公共关系活动策划文案中，往往也可以列为一个要素，拟出几条原则性的意见和设想，让客户或主管领导审阅文案时有一个大体印象。

（3）人物（包括实施人员）。在公共关系活动中，要注意考虑以下人员的安排。组织领导：既是一个组织形象的代表，又是公共关系活动的决策、组织、指挥、参与者。因此，组织领导在整个公共关系活动中该什么时候亮相、怎样亮相、亮相时该传播什么信息，策划者在拟订计划均应有所考虑。组织英雄：一个成绩卓越的组织，总会在实践中涌现出若干英雄人物，他们或是科技工作者，或是普通劳动者，或者是中层管理者，也可能兼为组织领导。在公共关系活动计划中应让这些英雄们现场亮相。如此，既可激励内部公众，也可折服外部公众，并使英雄本身拥有成就感。这对树立良好的组织形象是大为有利的。名人与政界明星、体育明星、文坛明星、政界要人等：他们有较高的知名度，如果公共关系活动中能请他们出场，就能借助他们身上的光环效应，使组织信息的传播效果更佳。由于名人们各有特色，选择哪几位名人应妥善考虑。媒介代表：公共关系活动的目的之一就是要尽可能广泛地传播信息，因此与大众传播媒介代表的联络是不可或缺的。计划中对媒介代表的选择一般是与选择媒介程序中所确定的媒介对应的。在拟订计划阶段，应考虑如何接待媒介代表，向他们传播怎样的信息，要考虑给他们提供怎样的录摄条件等。公共关系人员：整个公共关系活动落实、实施的工作人员，他们该如何分工，该安排哪几位出外协调关系，哪几位布置公共关系活动场地，哪几位准备公共关系文件等，均应细致地予以考虑。

（4）方式。节庆活动：通过文化节庆、纪念庆典等来传播组织信息。如青岛啤酒节，某服装店开业十周年庆典等。新闻发布：通过发布会上的群体传播与新闻媒介的大众传播相结合，有效地传播组织的信息。赞助：通过对体育、文化、赈灾、助残、社会公益福利事业的赞助，树立组织良好的形象。展览展销：将组织所拥有的有说服力的事实——包括投资环境、固定资产、过硬的产品、出类拔萃的人才、社会的赞誉等，以实物、图片或文字予以展示，从而令人信服地传播组织信息。演示：带有表演性质，又能让群众参与的专题活动。对话：组织决策者或管理者与公众进行面对面的对话，可以是有问有答的大会，也可以是小型讨论会或协商会，还可以是个人之间的谈心沟通，有的放矢地传播组织信息，并及时从公众处获得信息反馈。组织内部的员工会议、与合作方进行的业务谈判、召开有顾客参与的建议征询会等，均属于对话这一方式。公共关系新闻策划：公共关系策划人员有意识地策划良性新闻，以吸引媒体的注意，增加被报道的机会，以传播组织的信息。

5. 传播策略

凡策划和实施一项公共关系专题活动，尤其是较为大型的公共关系专题活动，主办（出资）单位自然希望这一活动能产生较大的社会影响，甚至造成一定轰动效应。因而，一旦活动内容确定，需要围绕活动内容全面设计和制定信息传播策略。这一策略一般包括以下三个方面。一是新闻媒介传播策略，即通过新闻媒介发布有关活动消息及相关报道。这一传播方法投入资金少，宣传效果好，最为理想。一个大型公共关系专题活动，在策划时必须考虑到宣传的"新闻眼"，并据此制定其新闻媒介传播方案。二是广告媒介传播策略，即通过广告发布的形式来传播有关活动的信息。对一个大型公共关系专题活动来说，广告媒介传播往往构成其传播策略的重要部分，是新闻报道的补充和加强。由于广告的费用投入较大，究竟投入多少广告、采取什么样的形式组合，均是这一部分应谋划和建议的。三是其他媒介传播策略，即通过宣传单页或宣传册等媒介传播有关活动的信息。这是大型公共关系活动信息传播的补充手段，但由于定向发送，往往能取得比较好的实际效果。

6. 经费预算

公共关系活动经费预算，也就是在计划中将资金、人力和时间进行合理分配，从财力上保证将公共关系工作纳入正轨，以便有效地开展工作，通过估算公共关系活动经费，为以后评估公共关系活动的成果及所取得的效益提供比较科学的依据。根据经费情况，选用恰当的公共关系活动方式和传播媒介，也容易将公共关系的计划方案具体化，形成时间—经费—活动一览表，保证各项具体任务的实施，保证公共关系活动经费按计划支出，防止透支或以权谋私现象发生。

7. 效果预测与评估

效果预测与评估即根据规范化要求，在活动方案、实施计划及预算完成之后，应事先对这一活动的成效定出一个评估标准。如活动各环节的规范操作，活动应取得的效果，活动参与人数和信息覆盖人数，媒介报道这一活动的发稿数量，政府有关部门和社会公众的反映，以及主办（出资）机构通过这一活动在知名度和美誉度方面的提升等，可根据不同情况，将各项列入评估标准中。评估标准应力求予以物化，尽可能地定出可检测的客观指标，以便事后评估和验证。

评估标准制订的依据来自两个方面，一是对活动效果的科学预测，二是行业根据投入产出比率所形成的对这类活动的一般标准和要求。

除了以上主要部分，公共关系策划书往往还有策划者署名、策划日期、附件等内容。

1.4.2 撰写公共关系策划方案的注意事项

一份完整的公共关系策划文案必须有一个标题，让人一读就明白这是一份活动策划书而不是一份工作小结或评估报告。标题撰写要明白易懂，有两种标题模式：一种是由公共关系活动主体——组织的名称、公共关系活动的主要内容构成，如"某护肤品公司公共关系活动策划方案"；另一种是在上一种标题的基础之上再加上一行揭示主题的文字，形成正副标题，如"美丽你我他——某护肤品公司公共关系活动策划方案"。

参考格式范例：危机公关策划方案

一、前言

1. 企业生产的产品

2. 事件经过

3. 策划的目的

简介及需要处理的危机

二、调查分析

1. 品牌优势

2. 问题点

（1）权威部门的反应

（2）消费者的反应

（3）商家的反应

3. 机会点

（1）权威部门的反应

（2）相关规定

三、公关目标

出发点和落脚点

四、活动主题

主题宣明

目标明确

五、攻关计划实施

表明目的

活动一

活动二

活动三

活动具体筹备

1. 企业内部：分工明确

2. 企业外部：正确面对，重塑正面形象，博得社会同情与支持

六、物资筹备

七、媒介选择

八、经费预算

九、效果评估和期望

1.5 任务考核

1.5.1 任务分解

（1）收集几个同类企业服务项目的公共关系策划方案。

（2）完成公共关系策划方案的撰写。

（3）制作公共关系策划路演 PPT，并进行路演。

1.5.2 考核要点

（1）比较同类企业服务项目的公共关系策划方案，进行学习研究。

（2）撰写公共关系策划方案要综合考虑拟策划的企业服务项目的特点、市场环境、竞争对手的相关策略等因素。

（3）公共关系策划方案的结构、文字、排版规范，封面、摘要和关键词、目录、正文、结语、参考文献、附录的构架要完整。

（4）路演 PPT 文档应有概括性、逻辑性，美观大方，演讲时间控制在 10 分钟以内。

（5）分工演示，有人操作、有人演讲。演讲者应自信、大胆，演说流畅。用计算机计时，控制演示时间。

（6）撰写任务报告。

1.5.3　总结评价

汇报完成后需完成自评与小组互评。打分结果上报任课教师。

（1）自评。每个小组进行自评，并阐述小组做得好的地方和不足之处。

（2）小组互评。每个小组负责给其他小组打分。小组考核评分计入表 6-1 中。

表 6-1　小组考核评分表

考评班级		考评时间	
考评小组		被考评小组	
考评内容			
考评标准	内容	分值	实际得分
	工作分工	2	
	工作演示	4	
	工作成果	4	
合计		10	

（3）教师反馈结果并点评。教师汇总每个小组评分，计算并公布每个小组的平均得分，对得分最高的小组给予奖励，并对每个小组的汇报进行点评。

（4）总结评价。按计划完成工作任务后，各小组上传任务成果，填写工作任务单（见表 6-2），完成评价。

表 6-2　工作任务单

项目名称			
姓名		班级	
任务分解	考核要点	任务成果及完成情况	
收集相关方案	比较同类企业服务项目的策划方案，学习研究		

策划方案	撰写方案要综合考虑拟策划的企业服务项目的特点、市场环境、竞争对手的相关策略等因素；结构、文字、排版规范，封面、摘要和关键词、目录、正文、结语、参考文献、附录的构架要完整	
路演 PPT	PPT 文档应有概括性、逻辑性，美观大方	
路演	路演时间控制，分工演示，演讲者应自信、大胆，演说流畅。用计算机计时，控制演示时间	
总结：本人在完成时的收获、创新点和不足		
评价	小组合作：4 分	
	书面表达：3 分	
	语言表达：3 分	
	总分：　　　10 分	

二、任务 2：实战演练公共关系策划

2.1　任务分解

（1）阅读范例 6 - 1 文本材料，在范例中画出重点词汇与语句。

（2）思维导图海报绘制。根据公共关系策划方案范例，将公共关系策划方案的主要内容与主要格式绘制成思维导图，并加以解释。

（3）收集几个同类企业服务项目的公共关系策划方案并加以学习分析。

（4）总结归纳出某一相同主题公共关系策划的特点、优点与不足。

（5）总结评价，完成任务后做自我评价，同学、师生互相交流后做同学互评、教师评价，并填写任务单（见表 6 - 3）。

表 6 - 3　任务单

项目名称			
姓名		班级	
任务分解	考核要点	任务成果及完成情况	
相关方案主题	比较同类企业服务项目的策划方案，学习研究		
策划方案	总结归纳出某一相同主题公共关系策划的特点、优点与不足		

续表

		本人在完成时的收获、创新点和不足	
评价	个人评价：3分		
	同学互评：4分		
	教师评价：3分		
	总分： 10分		

2.2 任务要点

（1）比较同类企业服务项目的公共关系策划方案，进行学习研究。

（2）绘制范例公共关系策划方案思维导图，要综合考虑策划方案的结构、文字、排版规范，注意策划方案的构架及内容。

（3）收集公共关系策划方案，找到公共关系策划方案的共同特点，总结公共关系策划方案的相关策略等因素。

范例6-1 青岛美丽城市环保活动策划方案

一、背景分析

6月5日是世界环境日，环保是全球的热点话题，是全人类共同关注的焦点。青岛市政重点工程已初见成效，城市面貌焕然一新。青岛市提出了创建国家环保模范城和建设国家级生态示范市的奋斗目标。在此背景下，向市民宣传环保知识，进一步提高市民环保意识，倡导绿色消费。

二、活动主题

"花园城市、美丽城市——我的家"。

三、活动口号

花园城市、美丽城市——我的家，让我们从现在做起。

四、目的

1. 向市民宣传环保知识，进一步提高市民的环保意识，巩固国家环保模范城和建设国家级生态示范市成果，为青岛旅游业创造良好的人文环境。

2. 向市民推荐绿色产品，倡导绿色营销与绿色消费。

五、时间

2021年6月5日。

六、地点

青岛五一广场。

七、吉祥物

山茶花（青岛市花，四季常青，象征青岛人民不屈不挠的品格与精神）。

八、背景音乐

大自然之声的轻音乐（《绿色的呼唤》及其他轻音乐）。

九、活动项目与实施步骤

1. 30块环保宣传展板：环保知识、正反对比漫画、宣传画。在6月2日前完成，并通过验收。

2. 50块环保小报展示：在6月2日前完成，并通过验收。

3. 儿童优秀环保绘画展：在6月2日前完成，并通过验收。

4. 环保咨询：共20米咨询台。主办12米，承办8米。

5. "花园城市、美丽城市——我的家"万人签名活动。

6. 环保歌舞表演：6月2日彩排。

7. "卡通人物"发放有关环保资料：大象、小熊、青蛙、小白兔、小蜜蜂……在6月2日前完成，并通过验收。

8. 环保宣传彩车：10辆左右。第一辆和第五、第十辆突出环保主题，其余展示环保产品。

9. 环保演讲比赛：

（1）主题：环保与健康、环保警示。

（2）评委：5名。

（3）演讲人员由3个院校各选4名学生参加。

10. 美丽彩虹（儿童用画笔描绘心目中的明天）：主题——美丽明天。

十、活动程序

1. 8：00—9：30，场地布置

2. 9：30—9：50，接待准备

3. 9：50—10：10，活动开幕式（500人参加）

（1）主持人介绍到场领导和嘉宾（3分钟）；

（2）市环保局局长讲话（3~5分钟）；

（3）宣读环保倡议书（3分钟）；

（4）市领导宣布"花园城市、美丽城市——我的家"活动开始。

4. 10：10—10：30，美丽彩虹

5. 10：30—11：10，环保歌舞表演，穿插环保知识有奖问答（约20题）

6. 10：10—17：00，环保咨询（动物、植物及环保知识）

7. 12：00—17：00，广播宣传（15：00—16：00停播）

8. 15：00—16：00，环保演讲比赛（5分/人，12人决赛），现场颁奖。穿插环保知识有奖问答（约20题）

9. 17：00，结束白天活动

10. 19：40—21：30，环保文艺晚会（含汇报演讲）

十一、传播途径

1. 前期宣传：由团市委将活动发至企事业单位，由市教委将活动消息发给各大专院校、中小学校，由《青岛日报》、《青岛晚报》、青岛电视台于5月30日左右进行媒体发布。

2. 中期宣传：《青岛日报》、《青岛晚报》、《青岛电视报》、青岛电视台、青岛电台、《中国旅游报》、《中国环境报》进行现场采访与报道。拟邀请区环保局及青岛电视台领导参加。

3. 后期宣传：青岛日报、《青岛晚报》、《青岛电视报》、青岛电视台、青岛电台在活动结束后半个月内，在相关媒体上组织发表有关"新闻综述"之类的文章，对本次活动进行评述，以进一步扩大活动的影响。

十二、经费预算

1. 收入：各企事业赞助

序号	赞助单位	金额（元）	物资	备注
1	青岛麦麦地产开发有限责任公司	8500	部分工作餐	文艺晚会
2	青岛日用化工厂	2000	价值2000元的奖品（无磷环保洗衣粉等）	彩虹门
3	青岛机电设备公司	2000	12台彩车，部分工作餐	飘空气球、步道旗
4	长天贸易有限责任公司	1000	价值约2000元的奖品（牛奶、茶饮料）	
5	大森林营销公司	1000	价值约1000元的奖品	
6	三威强化木地板	1000		彩虹门
7	应大公司万华装饰材料商行	1000		彩虹门
8	青岛大学		宣传海报	飘空气球、主席台"对比青蛙"巨幅海报
9	青岛师范大学		生物系植物标本展示，宣传板报	
10	青岛工学院		宣传板报	
	总计	16500元人民币，以及价值6000余元的赞助物品及相关用品		

2. 支出预算

序号	项目	金额（元）	备注
1	场地布置费用	2000	购买绿色台布、制作主席台背景板等，其余如太阳伞、地毯、彩虹门、飘空气球、步道旗、宣传板报等由企业赞助
2	场地租金		中心广场赞助
3	音响器材租金	800	
4	摄影、制作光盘	800	作为教学资料存档
5	奖品		环保演讲比赛、"美丽彩虹"、演员演出、有奖问答的奖品由企业赞助
6	运输费	600	桌椅板凳、舞台等请搬家公司负责运输
7	宣传品印刷与制作	1800	2幅3米×6米"对比青蛙"海报、30块环保宣传展板等由各参与单位赞助
8	148名工作人员（包括部分志愿者、记者）餐饮费		企业赞助
9	彩车（包括装饰）		企业赞助
10	道具等	900	购买卡通面具、签字笔等
11	"美丽彩虹"画布、彩笔	480	
12	礼仪小姐、演员演出费		向志愿者发放企业赞助物品作为奖品
13	保安费		市公安局、交警大队自行安排
14	主持人服装租金	200	
15	劳务费	3600	向部分为志愿者发放企业赞助物品作为奖品
16	项目开支	960	
17	活动信息发布费		媒体赞助
18	承办费	2000	
19	不可预算的费用	1500	
	总计	15640	（企事业单位赞助除外）

十三、效果预测与评估

1. 活动现场参加人数不少于60000人次（包括彩车游行沿途现场参加人数）。

2. 媒介有关活动报道不少于10篇（次）。

3. 活动信息覆盖率不低于本地区人口的1/4。

4. 活动现场执行情况不发生任何明显失误。

5. 活动经费使用情况严格控制在预算之内。

6. 活动后，参与活动企事业单位知名度提升20%。

7. 活动后，参与活动企事业单位美誉度提升10%。

三、任务3：公共关系策划课外拓展

3.1　子任务1：为企业开放日制订一份策划方案

实训人员：3~4人组成一个小组，以小组为单位进行实训。

实训时间：与任务教学时间同步。

实训道具：企业基本资料、新媒体及其他媒体的公共关系案例。

实训场地：多媒体教室。

实训内容：制订公共关系措施计划，为企业开放日制订实施方案，以小组为单位进行讨论，并在全班展示讨论结果。讨论问题如下：

（1）这家企业的开放日内容是什么？

（2）这家企业开放日要达到什么效果？

（3）如果效果不好，你认为他们应如何改进？

（4）为企业开放日制订一份策划方案。

1. 作业展示

（1）组长组织组员采取头脑风暴法完成讨论，将各组员的发言记录下来。

（2）组长或某一组员将本组同学的发言进行归纳整理。

（3）组长对组员的表现进行简要评价，填写考核评价表（见表6-4）。

表6-4　考核评价表

班级		小组名称		组长	
组成员					
训练主题					
训练小结					
组长对组员的评价					
教师点评					

2. 要点

（1）本题主要培养学生观察实际问题、独立思考、团队沟通等方面的能力。

（2）各小组在别人发表意见的过程中可以认识到自己团队没有认识到的问题。

（3）学生将认识到策划的灵活性。

3.2 子任务2：参加公共关系策划创业大赛

3.2.1 任务分解

（1）对公共关系策划的基础知识复习总结，完成基本知识巩固。

（2）在公共关系策划创业大赛官网（推荐中国大学生公共关系策划创业大赛，https：//cusprpc2021. cipra. org. cn/）查找当年大赛资料、企业基本资料及其他新媒体的资料。

（3）学习公共关系策划创业大赛评审规则，按照比赛要求完成公共关系策划方案。

（4）总结评价：组长组织组员采取头脑风暴法完成讨论，将各组员的发言记录下来。组长或某一组员将本组同学的发言进行归纳整理。组长对组员的表现进行简要评价，填写考核评价表（见表6-5）。

表 6-5 考核评价表

班级		小组名称		组长	
组成员					
训练主题					
训练小结					
组长对组员的评价					
教师点评					

3.2.2 任务要点

（1）本任务主要培养学生观察实际问题、独立思考、团队沟通等方面的能力。

（2）各小组在聆听其他组发表意见的过程中发现本团队之前没有认识到的问题。

（3）学生将认识到策划方案的灵活性。

（4）注意公共关系策划创业大赛的评审规则。